ANNEMARIE HERZOG

Gelebte Rau(ch)nächte

Mit Räucherrezepturen für
jede Raunacht

ISBN 978-3-99025-282-6

4. Auflage

Layout: Freya_art, Christina Diwold
Lektorat: Dorothea Forster
Bildmaterial: Annemarie Herzog, Rolf Bickelhaupt
Coverbild: Julia Anna Auer
Shutterstock: © wanchai, Sundra, mckenna71, SS Stock 9999,
AlenKadr, Flas100, Mike Pellinni, borsvelka, pavila
Fotolia: © yupanqui06
Wikipedia: © A. Luppius

printed in EU

Anmerkung: Für die in diesem Buch beschriebenen Räucherpflanzen und -methoden übernehmen Autorin und Verlag keine Haftung. Weder Autorin noch Verlag haftet für Schäden, die aus der Anwendung der im Buch vorgestellten Hinweise und Ratschläge entstehen könnten. Bei gesundheitlichen Störungen sprechen Sie mit Ihrem Arzt oder Ihrer Ärztin. Die vorgestellten Methoden bieten keinen Ersatz für eine therapeutische oder medizinische Behandlung.

ANNEMARIE HERZOG

Gelebte Rau(ch)nächte

Mit Räucherrezepturen für jede Raunacht

Inhalt

Die Rau(ch)nächte

Einleitung

Ich erinnere mich noch sehr gut daran: Jedes Jahr an Heiligabend, in der Silvesternacht und am Vorabend zu Heilig Drei König spielte sich von jeher auf dem kleinen Bauernhof meiner Oma der gleiche Brauch ab. Sobald sich die Dunkelheit über das Kärntner Jauntal gelegt hatte, füllte sie ihre etwas in die Jahre gekommene, aber doch stabile Räucherpfanne mit Buchenholz aus ihrem Gussofen und legte darauf dann ihr Räucherwerk, das u. a. aus Weihrauch, Wacholder und Angelikawurzel bestand.

Mit der Räucherpfanne in ihrer Hand und meinen Eltern und mir im Schlepptau ging es dann durch das ganze Wohnhaus inklusive Keller und über den verschneiten Hof zum Stall, dort wo die Viecher meiner Großmuata (= kärntnerisch für Oma) hausten. Überall verbreitete sich der Rauch, der von der Räucherpfanne ausging und der jeden Winkel in allen Räumen und im Stall fand.

Damals, als kleines Diandl, freute ich mich auf diese Tage bei meiner Oma. Ich war von diesem Brauch, mehr jedoch vom Rauch fasziniert, auch wenn ich seinerzeit nicht wusste, dass damit die Räume und der Stall energetisch von all den Lasten des abgelaufenen Jahres gereinigt wurden. Auch was es mit den Raunächten auf sich hat, blieb mir seinerzeit verborgen. Und schon gar nicht ahnte ich damals, dass Jahrzehnte später das Räuchern mein Leben prägen würde.

Diese beschriebene Zeremonie spielte und spielt sich in vielen Häusern und Höfen insbesondere im Alpenraum noch alljährlich als fester Bestandteil der Raunächte ab. Es war und ist eine Zeit der Ruhe und der Selbstbesinnung, in der am knisternden Ofen Geschichten, Märchen und Sagen erzählt, geräuchert, gemeinsam musiziert und gesungen wird.

Aber es geht noch um vieles mehr in den Raunächten. Es gilt zum Grundlegenden vorzudringen, in dem man innehält, um sich selbst (wieder) zu finden, damit Altes aus dem zurückliegenden Jahr abgeworfen und Neues im bevorstehenden Jahr zugelassen werden kann. Denn diese „fünfte Jahreszeit", wie sie auch gerne genannt wird, ist wie kaum eine andere Periode dazu geeignet, Abstand zu gewinnen und mit dem Takt der Natur in Einklang zu kommen. Es ist die Zeit, in der wir träumerisch nach draußen schauen, uns in die vom Himmel fallenden Schneeflocken vertiefen, Wanderungen in eiskalten Winterlandschaften unternehmen und bei alldem den Lärm der Welt vergessen können.

So wie die Raunächte schon über viele Jahrhunderte hinweg eine Zeit der Besinnung und der inneren Andacht waren, bieten sie auch heute die Möglichkeit, dem alltäglichen Hamsterrad zu entfliehen. Dieses Büchlein soll Anregungen geben, wie die Raunächte als Auszeit und Energietankstelle genutzt werden können. Einfache Anwendungen mit großer Wirkung.

Ursprung der Raunächte

Kaum ist der Advent mit dem 24. Dezember, dem Heiligabend, zu Ende, beginnt am 25. Dezember, am Christtag, wie wir in Österreich diesen ersten Weihnachtsfeiertag nennen, die Zeit der Raunächte.

Allgemein wird angenommen, dass diese besondere Zeit bereits vor über 5.000 Jahren in den Kulten und Bräuchen der indogermanischen Stämme ihren Ursprung hatte. Sie räucherten damals in ihren Erd- und Steinkultstätten, da der Rauch der Pflanzen als heilig galt und für Botschaften an die Götter genutzt wurde.

Weiters ist bekannt, dass die Raunächte wohl auch von den antiken Germanen und den Kelten feierlich begangen worden sind. Die weisen Frauen und Männer dieser Kulturen, besser bekannt als Seherinnen und Druiden bzw. Priesterinnen und Priester, wussten schon damals die Heilkraft des Räucherns zu nutzen. Sie hatten die Begabung, sich mit den Seelen der Pflanzen zu verbinden. Damit war es ihnen möglich, Informationen von den Gewächsen über deren Heilkräfte zu erhalten. Schriftlich überliefert ist aus diesen Zeiten kaum etwas, vieles wurde über Jahrhunderte, gar über Jahrtausende hinweg nur mündlich weitergegeben. Angenommen wird aber, dass die Jahreskreisfeste und somit auch die Raunächte in den keltischen, zumindest aber in den germanischen Mondkalendern erwähnt worden sind.

Von Generation zu Generation wurden die Kenntnisse über die Heilpflanzen, ausgehend von den Kelten über die Germanen bis hin zu den heilwissenden Frauen des Mittelalters, weitergegeben. Auch über diese Zeit gibt es nur sehr wenige Überlieferungen. Jene, die damals schreiben konnten, waren die Gelehrten hinter den dicken Mauern der Klöster, die mit diesem Heidentum nicht zu tun haben wollten. Und jene, die das Wissen in sich trugen, wurden seinerzeit sogar oft als Hexen verbrannt.

Bis heute haben sich die Raunächte und die in dieser Zeit gepflegten Bräuche nicht nur im deutschsprachigen Gebiet und im skandinavischen Raum, sondern auch in Irland und Schottland erhalten. Diese Tage und Nächte sind mithin ein fester, traditioneller Bestandteil der mittel- und nordeuropäischen Spiritualität. Um welche Bräuche es sich dabei handelt, darüber gibt ein weiteres Kapitel dieses Büchleins Auskunft.

Zeitpunkt der Raunächte

Wie kommt es, dass die Raunächte jeweils vom 25. Dezember bis zum 5. Jänner und somit an 12 Tagen und Nächten gefeiert werden? Dazu gibt es viele Meinungen und Interpretationen. Die seit einigen Jahrzehnten gängigste Auffassung ist, dass dies mit der jeweiligen unterschiedlichen Dauer des Mond- und des Sonnenjahres zu tun hat.

Das Mondjahr, auch Lunarjahr genannt, besteht aus 354 Tagen. Dies deshalb, da der Mond 29 ½ Tage von Neumond zu Neumond (29 ½ Tage x 12 Monate = 354 Tage) benötigt.

Das Sonnenjahr, bekannt auch als Solarjahr, zählt jedoch (etwas mehr) als 365 Tage. Die Sonne ist also etwas „träger".

Die Differenz zwischen dem Mond- und dem Sonnenjahr beträgt also 12 Tage. Diese Zeit wird daher auch gerne als „geschenkte Zeit" bezeichnet. Würde man das Mondjahr als Grundlage für die Berechnung eines Jahres heranziehen, ergäben sich innerhalb kürzester Zeit große Verschiebungen mit der Folge, dass die Natur außer Takt käme.

Kein Wunder also, dass diese Zeit auch mit dem christlichen Verständnis von den „zwölf heiligen Nächten“, weil gelegen zwischen Heiligabend und Heilig Drei König, übereinstimmt, wobei der ebenfalls bekannte Begriff der „Zwölften“ darauf Bezug nimmt. Beide Ausdrücke fanden aber schon weit vor der Christianisierung im germanisch geprägten Weltbild Verwendung.

Aber auch andere Bezeichnungen sind für diese Periode geläufig wie „die Zeit außerhalb der Zeit“ oder aber auch „die Zeit zwischen den Jahren“ sowie die „Glöckelnächte“. Letztere hängt offensichtlich mit dem in diesem Zeitraum intensiven Glockengeläut der Kirchen zusammen.

Warum befindet sich im Wort Raunächte das Wort „Nächte“? Und warum heißt diese Periode nicht Raunachts„tage“? Auch dies hat etwas mit der Zeit zu tun und geht zurück auf den keltischen Jahreskreis.

So wurden die „Tage“ ab dem 21. März bis zum 20. September generell als „Tage“ bezeichnet, auch die Zeitspanne des Tages, in der es dunkel ist. Es war länger hell als dunkel und daher die „Jahrestage“.

Die Tage ab dem 21. September bis zum 20. März wurden jedoch immer als „Nächte“ bezeichnet, auch jene Zeitspanne des Tages, in der es hell ist. Es war länger dunkel als hell und daher die „Jahresnächte“.

Nach unserem heutigen Verständnis schließt eine Raunacht immer den „ganzen Tag“ mit ein, beginnend jeweils um 0.00 Uhr und endend immer um 24.00 Uhr. Die Periode der Raunächte wiederum beginnt somit am 25. Dezember um 0.00 Uhr und endet immer am 5. Jänner um 24.00 Uhr.

Es soll nicht unerwähnt bleiben, dass in einigen – meist älteren – Büchern, Berichten und Überlieferungen von einer anderen Berechnung der Zeit, auch von einer anderen Anzahl der Raunachtstage, ausgegangen wird.

Oft wird dabei vom 21. Dezember, dem Tag der Wintersonnenwende bzw. der Thomasnacht, also der dunkelsten Nacht des Jahres, als dem Anfang der Raunachtsperiode erzählt. Diese Auslegung hat jedoch seinen Ursprung im nordeuropäischen „Mitwinterfest“ oder „Julfest“. In Schweden wiederum werden die Raunächte schon ab dem 13. Dezember, dem Tag des dortigen „Luciafestes“, begangen. Meist gelten dann die Sonn- und Festtage nicht als ein Teil der Raunächte.

Auch hat es sich über die Jahrhunderte hinweg in vielen Landstrichen eingebürgert, nur vier Raunächte zu feiern, so in der Thomasnacht, an Heiligabend und an Sylvester sowie am Tag bzw. in der Nacht vor Heilig Drei König.

Doch wie schon erwähnt, feiern wir in unseren mitteleuropäischen Breitengraden die Raunächte vom Tag nach Heiligabend bis zum Tag vor Heilig Drei König, Also vom 25.12. 00:00 Uhr bis 5.1. 24:00 Uhr.

Jeder Tag in den Raunächten steht für einen Monat. Die jeweiligen Themen habe ich im Kapitel *Räucherwerke und Themen zur Wintersonnenwende und in den Raunächten* ausführlich beschrieben.

Begriff der Raunächte

Was bedeutet der Begriff „Raunächte“? Wo kommt er her? Faszinierend, was da alles in der Literatur an Möglichkeiten offenbart wird.

Überwiegend wird die Meinung vertreten, dass der Begriff Raunacht auf das mittelhochdeutsche „rûch“ zurückgeht. Übersetzt bedeutet dieses Wort so viel wie „wild“, „pelzig“ und „haarig“. Daher werden diese Ausdrücke gerne mit den Perchten in Verbindung gebracht, bei denen wilde und maskentragende, mit Fellen behangene sowie mit Peitschen und Glocken ausgestattete Wesen durch viele Orte der alpenländischen Regionen ziehen, um die „bösen Geister“ des Winters auszutreiben.

Eine weitere Auffassung zur Herkunft des Wortes Raunacht besagt, dass es vom Brauch des Räucherns kommt. Denn das mittelhochdeutsche Wort „rouch“ bedeutet so viel wie „Räuchern“ *

Im damaligen Sprachgebrauch wurde es insbesondere für die Durchführung von Räucherzeremonien verwendet. So wurden aus den „rouchnahten“ schließlich die „Raunächte“, die da und dort auch als „Rauchnächte“ bezeichnet werden.

Eine weitere Variante des Wortes Raunacht bezieht sich auf die „rauen“ Nächte, die zur Jahreswende herrschen.

Der Vollständigkeit halber sei noch erwähnt, dass der Begriff der Raunächte auch in Verbindung gebracht wird mit den Wörtern „Raubnächte“ oder „Wolfsnächte“. „Raubnächte“ deswegen, weil in dieser Zeitperiode viele Viehräuber unterwegs waren. Und im Namen „Wolfsnächte“ kommt zum Ausdruck, dass früher Wolfsrudel zu dieser Zeit auf der Suche nach Nahrung den Siedlungen bedrohlich nahe gekommen sind.

Doch egal wo der Begriff der Raunacht letztlich auch herkommt. Alle genannten Ansichten haben ihre Berechtigung und geben letztlich das wieder, was diese Zeit ausmacht.

Die Zeit der Raunächte ist sowohl eine dunkle Zeit und für manchen Zeitgenossen auch eine beängstigende und bedrohliche Periode. Aber sie ist auch eine sehr lichte Zeit mit tollen Perspektiven und Chancen. Sie ist eine Zeit der Kontraste wie Vergangenheit und Zukunft, Licht und Dunkel, die miteinander nicht nur existieren, sondern auch einander bedingen.

Räuchern
damals und heute

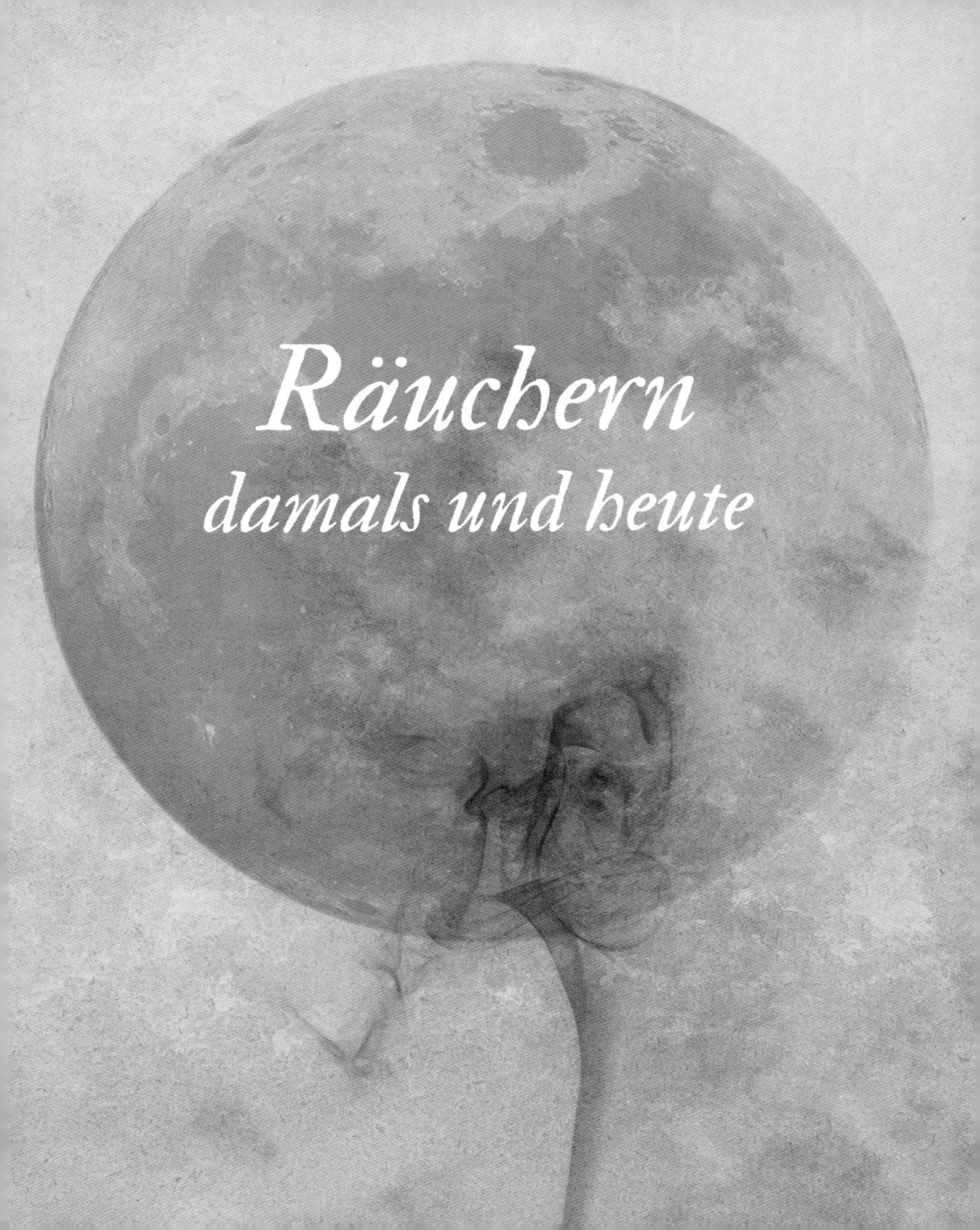

Traditionen des Räucherns in der Raunachtszeit – historisch

„Die zwolff naecht zwischen Weihenacht und Heyligen drey Künig tag ist kein hauß das nit all tag weiroch rauch in yr herberg machte / für alle teüfel gespenst vnd zauberey."

Sebastian Franck, Stich von A. Luppius

Mit diesen Worten berichtete bereits im 15. Jahrhundert der Publizist, Chronist und Theologe Sebastian Franck (1499–1542 oder 1543) in seinem „Weltbuch spiegel vn[d] bildtniß des gantzen erdbodens" (Tübingen 1534) über das Räuchern in der Zeit der Raunächte. Wobei hier besonders deutlich wird, dass – wie an anderer Stelle dieses Büchleins bereits erwähnt – der Begriff der Raunächte vom Wort „Rauchnacht" hergeleitet werden kann und dass es einen jahrhundertelangen Brauch gibt, in dieser Zeit, vom 25. Dezember an bis zum 5. Jänner, (*„Die zwolff naecht zwischen Weihenacht und Heyligen drey Künig tag*) zu räuchern, um schlechte bzw. negative Energien zu entfernen (*„… für alle teüfel gespenst vnd zauberey"*).

Doch wir können das Rad der Zeit noch viel viel länger zurückdrehen. Denn das Räuchern selbst ist fast so alt wie das Feuer. Bereits vor Tausenden von Jahren bemerkten unsere Vorfahren, dass der Rauch beim Verbrennen von bestimmten Pflanzen, Wurzeln, Rinden und Blüten eine ganz bestimmte Wirkung entfaltet.

Erstmals überliefert ist das Räuchern in der Periode, die wir Raunächte nennen, bei den Kelten. Sie bezeichneten diese Zeit als „Lostage". Später übernahmen die germanischen Stämme viele Bräuche von den Kelten, so auch das Räuchern insbesondere zu den „Lostagen". Los-tage deshalb, weil man in dieser Zeit in die Zukunft schaute, damit man wusste, was künftig „los" sein würde. In beiden Völkern gab es heilkundige Frauen und Männer. Bei den Kelten waren es die Seherinnen und Druiden, bei den Germanen die Priesterinnen und Priester, die sich mit dem Räuchern und den „Lostagen" befassten. Seinerzeit hatte das Räuchern zwei Funktionen: Zum einen sollte – wie auch heute noch – das Böse weggeräuchert und Krankheiten vorgebeugt werden. Zum anderen galt es damals, die keltischen bzw. germanischen Götter milde zu stimmen.

Schon bei den Germanen waren die Raunächte eine heilige Zeit. Der Brauch, Haus und Hof zu beräuchern, hat sich bis in unsere heutigen Tage gehalten, ebenso die Ansicht, dass hier nicht gearbeitet werden sollte.

Es gibt also eine sehr lange Tradition des Räucherns mit dem Ziel, „böse Geister" zu vertreiben. Heute kann dieser von unseren

Ahnen verwendete Begriff mit den Worten „Entfernung von negativen Energien" beschrieben werden. Das Räuchern zur Raunachtszeit war somit ein ursprünglich keltischer und germanischer Brauch, der sich in dieser Art in der Zeit der Christianisierung im frühen 4. Jahrhundert gehalten hat, bis er schließlich – wie auch die Tradition des Bindens von „Kräuterbusch'n" – von der Kirche vereinnahmt wurde.

Bis in unsere heutigen Tage hat sich der Brauch des Räucherns von Häusern, Höfen und Ställen erhalten. Meist war oder ist es immer noch so, dass der Herr oder die Frau des Hauses bzw. der Bauer oder die Bäuerin die Glut aus dem Küchenherd in ein hitzebeständiges Gefäß oder in eine kleinere Pfanne auflegt und darauf meist geweihte Kräuter und Stücke des am Palmsonntag geweihten Palmbesens gibt. So ausgestattet, gingen bzw. gehen der Hausvater oder die -mutter samt allen Familienmitgliedern und den anwesenden Gästen durch alle Räume des Hauses, der Nebengebäude, auch durch die Ställe sowie rund ums Haus und alle anderen Gebäuden auf dem Grundstück, um überall dort den Rauch zu verbreiten. Ziel ist es seit alters her, damit – wie bereits erwähnt – die bösen Geister zu vertreiben und sie auch im neuen Jahr fernzuhalten.

Dabei ist es in manch einer Gegend auch üblich, dass eine zweite Person hinter dem Räucherer hergeht und Weihwasser versprengt, um den Segen für Haus und Hof zu erbitten.

In vielen Regionen der Alpen ist auch verbreitet, dass über den Rauch ein Hut oder ein Kopftuch gehalten und dann aufgesetzt wird, um in den nächsten 12 Monaten frei von Kopfschmerzen zu sein. Ein weiterer Brauch, der ebenfalls mit Gesundheit zu tun hat, war die Ausräucherung der Krankenzimmer in der Zeit der Raunächte, um die Gefahr der Übertragung von ansteckenden Krankheiten zu vermindern. Verwendet wurden dazu meist verschiedene Beeren und Wacholderholz.

Aus welchen Zutaten bestand nun das „klassische" Räucherwerk für die Raunachtszeit? Ein Blick in die Literatur vergangener Epochen zeigt uns hierzu viele unterschiedliche Rezepturen, die allesamt durchaus auch antiseptische Wirkungen entfalten.

Aus der Zeit der Kelten und Germanen sind folgende Zutaten überliefert:

» *Alantwurzel, Beifuß (die bedeutendste Heilpflanze bei den Kelten und Germanen), Engelwurzwurzel, Eschensamen, Fichtenharz, Kiefernharz, Latschenharz, Lorbeer, Mädesüßblüten, Meisterwurz, Rosmarin, Salbei, Tannenharz, Thymian, Wacholderzweige, Zirbenharz*

Mit der Ausbreitung des Christentums kamen folgende Bestandteile hinzu:

» *Frauenbuschen, bestehend aus getrockneten Zweigen meist von Beifuß, Eibisch und Königskerze*

- *Palmbuschen, die je nach Region aus getrockneten Zweigen unterschiedlicher Pflanzen wie Buchsbaum (Segenszweig), Eibe (wirkt gegen Hexen), Palmkätzchen (Segenszweig), Stechpalme (wirkt gegen Dämonen), Thuje (zur allgemeinen Abwehr) und Wacholder (schützt vor der Pest) sowie dem Haselnussstecken (schützt vor Blitz und Donner) gebunden waren*
- *Weihrauch*

Aus der obigen Aufstellung wird eines eindrucksvoll deutlich: Es handelt sich – mit Ausnahme des Weihrauchs – um Pflanzen, die ausschließlich bei uns heimisch sind, bei uns wachsen. Wie viele hiesige Pflanzenkundige und Gelehrte sind auch wir der Überzeugung, dass die besten, heilsamsten und nützlichsten Gewächse hier bei uns, vor unserer eigenen Haustür gedeihen. Wir finden in unseren Breitengraden alles an Pflanzen, die der Mensch zur Ernährung, für seine Gesundheit und sein Wohlbefinden benötigt. Und dies trifft auch für das Räuchern zu. Unsere Kräuter und all die anderen hiesigen Pflanzen mit ihren Blüten, Harzen, Rinden und Wurzeln schenken uns, was für das Räuchern und andere Anwendungen notwendig ist.

Daher ist es für uns auch immer wieder verwunderlich, dass viele auf Räucherware zurückgreifen, die z. B. amerikanischen oder indischen Ursprungs ist. Jeder Winkel auf dieser Erde hält die Pflanzen bereit, die die jeweils dort wohnenden Menschen benötigen.

Die in Amerika lebenden Indianer brauchen z. B. den Weißen Salbei, die Inder wiederum bevorzugen u. a. Sandelholz gemäß der ayurvedischen Heilkunde.

Natürlich erfreuen wir uns auch an (Räucher-)Düften aus anderen Breitengraden. Als Beispiel möchten wir insbesondere den bereits angesprochenen Weihrauch nennen. Es ist ein Harz, das durch Anritzen aus den knorrigen Balsambaumgewächsen, die in Indien, auf der Arabischen Halbinsel und im äußersten Osten Afrikas beheimatet sind, gewonnen wird. Auch wenn Weihrauch, der ebenso unter dem Namen Olibanum bekannt ist, hier bei uns nicht heimisch ist, hat er in unserer Kultur seinen festen Platz erobert. Bereits seit der Zeit der späten Antike, also seit der Mitte des ersten Jahrtausends, ist sein Gebrauch bei uns nachgewiesen.

Zunächst waren es die Christen, die im mitteleuropäischen Raum dieses Räucherharz nutzten, um mit dem Verbrennen von Weihrauch Gott zu huldigen. Im Lauf der Zeit wurde der Weihrauch von der römisch-katholischen Kirche auch zu anderen liturgischen Handlungen verwendet. Und auch in der Medizin hat er seinen Platz gefunden. Bereits die Heilkundige Hildegard von Bingen (1098–1179) nutze ihn gegen Schwerhörigkeit und Ohrgeräusche. Heutzutage setzt man den Weihrauch als entzündungshemmendes Mittel, z. B. bei Darmerkrankungen, bei allergischen Hauterkrankungen, bei Entzündungen der Leber oder der Bauchspeicheldrüse sowie bei Rheuma ein.

Allerdings gilt zu beachten: Auf dem Markt tummeln sich immer mehr Räuchermischungen, meist mit exotisch klingenden Namen, die zum Teil chemisch bzw. synthetisch hergestellt werden. Mit Räucherwerk heimischen Ursprungs sind sie auf der sicheren Seite, sowohl was die Wirkung als auch was deren Naturreinheit betrifft.

Räuchern in der Raunachtszeit – heute

Die Raunächte sind Tage und Nächte der Ruhe und des Loslassens. Besonders in der heutigen Zeit haben die Menschen auch aus diesem Grund die Sehnsucht, mehr über diese Zeit zu erfahren. Ich werde immer wieder gefragt, was denn das Besondere dieser „Zeit außerhalb der Zeit“ sei. Mir ist eines Tages klar geworden, warum so viele Menschen dieses Wissen für sich nutzen wollen.

Als ich noch ein Kind war, haben sich die Menschen bewusst zurückgezogen, um in die Stille zu gehen. Alle haben es gemacht, der Bauer und seine Frau genauso wie die Kinder, der Großvater und die Großmutter. Es wurde das Spinnrad bewegt, wenn vorhanden auch der Webstuhl. Es wurde gesungen, miteinander geredet und musiziert. Es wurden Geschichten erzählt von Raunachtsgestalten wie z. B. Perchten und mit ein wenig Fantasie konnte man sie dann auch am Waldrand erkennen. Ich habe sie gesehen, die Perchtra Baba, wie sie über den Schnee zu unserem Haus gelaufen kam. Damals wusste ich noch nicht, dass sich hinter der Verkleidung meine Mutter befand. Aber es hat bei mir großen Eindruck hinterlassen. Als Ausgleich zum Kettenrasseln bekam ich dann Äpfel und Nüsse vor die Füße geschleudert.

Draußen lag meterhoch der Schnee, aber das hat niemanden gestört, denn man wollte ja gar nicht aus der warmen Stube. Das Eingeschneitsein war normal für diese Jahreszeit. Jeden Tag wurde ein Stück des Weges mit der Schneeschaufel bearbeitet, aber in Eile war dabei niemand. Alle hatten vorgesorgt, dass es Holz zum Heizen und alles Notwendige zum Essen und Trinken im Haus gab. Wenn jemand in den Stall ging, um die Tiere zu füttern, konnte er diesen Weg auch auf der festgefrorenen glitzernden Schneeschicht tun und keiner ist eingebrochen. Es war immer wieder ein Erlebnis, wenn das Knirschen bei jedem Schritt zu hören war.

Was ist heute von dieser Art, die Raunächte zu begehen, übrig geblieben? Diese „geschenkte Zeit", wie man sie nennt, wurde früher auch wirklich als Geschenk gesehen. Heute machen die Menschen das genaue Gegenteil von früher. Viel Hektik macht sich breit. Es werden die Gutscheine von Weihnachten in den Geschäften eingelöst, Geschenke umgetauscht. Man fährt auf Urlaub, um sich zu „erholen". Meist bedeutet das aber dann wieder Freizeit- oder Animationsstress. Was auch immer man macht, es hat wenig mit Rückzug und innerer Einkehr zu tun.

Im Unterbewusstsein haben wir allerdings alle das Rad der Zeit gespeichert und daher bekommen wir auch die Sehnsucht zu spüren, etwas von diesen besonderen Nächten zu erfahren.

Klar ist, dass der Mensch nicht das ganze Jahr über durch das Leben hetzen kann, ohne eine Pause einzulegen. Wenn beim Auto die Batterielampe aufleuchtet, weiß jeder, dass es an der Zeit ist, sie aufzuladen, damit das Auto nicht „in Ruhe geht". Was ist mit Ihrer Batterie? Glauben Sie, die hält ewig?

Wir alle haben dieselbe Zeitrechnung mit 24 Stunden pro Tag und Nacht. In diesen 24 Stunden waren auch schon vor 20 Jahren viele Aufgaben enthalten, die tagtäglich bewältigt wurden. Wenn wir nun die Jetztzeit betrachten, dann stellt man sehr schnell fest, wie viele Aufgaben heute noch zusätzlich dazukommen. Ob es das Handy oder der Computer ist oder die sozialen Netzwerke, die man sehr rasch bedienen sollte. All das erweitert die Palette der täglichen Aufgaben. Dann beginnt ein Teufelskreis zu wirken. Keine Zeit für Sachen, die man gerne tut, keine Zeit für Freunde, keine Zeit für Oma und Opa, keine Zeit für inneren Frieden, keine Zeit ...

Keine Zeit ....

Da ist es nur eine Frage der Zeit, wie lange das jeder für sich aushält, ohne Schaden zu nehmen. Das Wichtigste dabei ist die Erkenntnis, dass man etwas loslassen muss, damit etwas Neues in den Alltag passt. Das tun aber die wenigsten und daher kommt es zu permanenter Überforderung.

Wenn 24 Stunden in Form einer Torte dargestellt wären, dann kann niemand dieses Maß erweitern. Hinein passen eben nur die 24 Stunden.

Wichtig ist immer wieder, die eigentlichen Werte für sich zu hinterfragen und Prioritäten zu setzen. Dafür sind eben die Raunächte wunderbar geeignet.

Das Räuchern trägt ganz entscheidend dazu bei, in diesen Tagen die Ruhe und Ausgeglichenheit zu finden, nach der man sich immer wieder sehnt.

Ich habe dieses Buch deshalb geschrieben, damit ich den Menschen die einfache Anwendung des Räucherns näherbringen kann. Es ist nicht kompliziert und es geht im Grunde nur darum, sich Unterstützung durch die Zutaten wie Wurzeln, Hölzer, Harze, Blätter oder Blüten zu holen. Diese Teile wissen genau, was sie zu tun haben, und daher ist nichts anderes zu bewerkstelligen, als sie zur Entfaltung zu bringen. Ich habe das alte Wissen der Raunachtsräucherungen beschrieben. Da es für jede Raunacht ein besonderes Thema gibt, ist es natürlich auch wichtig, genau zu diesem Thema beim Räuchern die geeigneten Zutaten zu verwenden. Daher gibt es für jede der Nächte eine andere Mischung. Um Ihnen keinen Stress zu bescheren, habe ich in diesem Buch die einfachen Anwendungen beschrieben. Die passenden 12 Räuchermischungen, als Raunachtskalender verpackt, können Sie bei mir unter *www.malusa.at* im Shop bestellen oder in meinen Verkaufsstellen beziehen. Diese sind auch auf meiner Homepage angeführt. Damit können Sie ganz entspannt Ihre Raunächte begehen.

Dies ist einzigartig und hoffentlich für Sie sehr bequem. Im Handel gibt es zwar Material für Raunachtsräucherungen, aber meist nur einzelne Zutaten. Als Laie tut man sich da etwas schwer zu wissen, was zusammenpasst, wenn man es mischt.

Verwendet man nur die Einzelteile, dann ist die Wirkung entsprechend geringer. Ich arbeite nach den alten Rezepturen meiner Großmutter und verwende nach Mondphasen gepflückte Kräuter, die schonend und sehr langsam getrocknet werden, damit sich die ganze Kraft beim Räuchern entfalten kann. Erntet man die Kräuter wahllos, dann ist die Kraft oft gar nicht enthalten und das Räuchern bringt nichts.

Wenn Sie die fertig gemischten Räucherwerke verwenden, können Sie alles ganz entspannt angehen und die Kräuter helfen Ihnen, das Thema, das gerade an diesem Tag aktuell ist, effektiv bearbeiten zu können. Nachstehend finden Sie alle zwölf Raunächte und deren Themen. Lassen Sie sich fallen und spüren Sie, wie die Energie dieser Zeit Ihnen beim Aufarbeiten der Blockaden und beim Loslassen von Ballast hilft.

Wie funktioniert das Räuchern in den Raunächten?

- » Setzen Sie sich bequem an einen gemütlichen Ort und nützen Sie die Zeit, um zur Ruhe zu kommen.
- » Stellen Sie Ihre Räucherschale auf den Tisch.
- » Legen Sie die Räucherkohle entweder in den Räuchersand oder auf das Sieb. Es kommt darauf an, welche Art von Schale Sie haben. Wichtig ist, dass die Kohle nicht vertieft in einer Schale liegt, sonst stickt sie ab. Viele haben damit Probleme. Daher eben der Sand, damit man die Schale damit füllt und die Kohle dann obenauf liegt.
- » Kohle an der Kante anzünden. Streichholz oder Feuerzeug so lange hinhalten, bis man sieht, dass die Funken von alleine weiterlaufen. Solange das nicht der Fall ist, wird die Kohle nicht heiß. Man muss hier einfach ein wenig Geduld haben und nicht gleich das Streichholz wegziehen, wenn man die ersten Funken sieht.
- » Dann lässt man die Kohle durchbrennen. Das geht ganz von alleine. Einfach abwarten, bis die Funken an der anderen Seite angekommen sind. Dann hört es auf zu funken, die Kohle ist heiß.
- » Nicht voreilig die Kohle mit Räucherwerk belegen, sonst stickt sie ab.
- » Die Kohle ist nun ein heißer Untergrund, der je nach Durchmesser 1–2 Stunden glüht, und man kann sich alle Zeit der

Welt lassen mit dem Räuchern. Sie riecht und raucht nicht mehr, wenn sie durchgeglüht ist. Der Rauch, der beim Auflegen entsteht, stammt ausschließlich vom Räucherwerk.

» Räuchermischung der jeweiligen Raunacht nehmen (*ist in meinem Rauhnachtskalender, erhältlich unter www.malusa.at, mit der entsprechenden Zahl gekennzeichnet*).

» So viel auflegen, was zwischen zwei Fingern Platz hat. Weniger ist mehr. Wenn das Räucherwerk gut verarbeitet ist, braucht man auch mengenmäßig weniger davon.

» Wenn es nicht mehr raucht, einfach abwarten, bis man den Impuls zum Nachlegen bekommt. Gleich wieder nachlegen ist nicht notwendig, weil die Kraft der Kräuter nachwirkt. Der Vorteil ist auch, dass dadurch nicht viel Rauch im Raum entsteht. Erfahrungsgemäß legt man alle 10 Minuten nach. Aber bitte nicht auf die Uhr sehen, es soll auf das Bauchgefühl gehört werden. Räuchern geht nicht mit dem Kopf, sondern ausschließlich mit Intuition.

» Es kann gar nichts schiefgehen, denn eine Überdosierung ist nicht möglich, weil der Körper nur das aufnimmt, was er benötigt. Das andere ist einfach neutral für ihn. Wenn man sich darauf einlässt, spürt man ganz genau, wann es wieder stimmig ist nachzulegen.

» Nach Belieben auch in anderen Räumen räuchern, z. B. im Kinderzimmer, Schlafzimmer. So können die Informationen der

Kräuter auch in der Nacht aufgenommen werden.

» Lüften ist nur dann notwendig, wenn zu viel Rauch im Raum steht bzw. wenn er Ihnen unangenehm ist. Der Rauch ist nicht schädlich, im Gegensatz zu Rauch aus dem Ofen, da er ausschließlich von den ausgewählten Zutaten stammt.
» Er schadet auch keinem Haustier oder Kleinkind, da es sich dabei um reine und natürliche Substanzen aus der Natur handelt, die sich in Rauch verwandeln.
» Wenn die Kohle kalt ist, vom Sand oder vom Sieb nehmen und als Blumendünger weiterverwenden. Die Blumen lieben das. Einfach über die Erde streuen, durch das Gießen gelangt dann die Asche zur Wurzel.

Räucherrezeptur für Weihnacht, Silvester und Heilige Drei Könige

Das folgende Rezept ist für diejenigen gedacht, die in den Raunächten nicht jeden Tag dem Raunachtsthema entsprechend räuchern, sondern so wie es die meisten Menschen heute noch kennen, die Kurzversion ablaufen lassen wollen:

» Palmbuschenzweige vom letzten Osterbuschen klein machen und Weihrauch, Myrrhe und Speik darüberstreuen.
» Damit durch Haus und Hof gehen und den Segen für Mensch, Tier und Haus erbitten.

Räucherwerke

... und Themen zur Wintersonnenwende und in den Raunächten

Einstimmung

21.12. Wintersonnenwende

Mit der Wintersonnenwende beginnt die Einstimmung auf die Raunächte. Es ist nicht der Beginn der Raunächte, wie oft zu lesen ist. Seit dem 15. Jahrhundert wird diese Zuordnung bzw. der Beginn der Raunächte „ab Mitternacht zum 25.12. hin" überliefert. Unter dem Kapitel *Traditionen des Räucherns in der Raunachtszeit – historisch* können Sie mehr darüber lesen.

Was wurde früher praktiziert und was kann man heute für sich nützen?

→ WOHNRÄUME PUTZEN UND ENTRÜMPELN,
damit alles Alte schon vor den Raunächten entfernt ist.

Damals: Der Holzboden wurde gerieben, die Strohmatratze neu befüllt, die Petroleumlampe geputzt, damit das Glas wieder mehr Licht gab.

Heute: Alte Zeitungen entsorgen, die man irgendeinmal lesen wollte, Ziergegenstände, die schon jahrelang auf Kästen stehen, eliminieren. Bilder an den Wänden gegen andere austauschen. Der Raum sieht dadurch wieder ganz neu aus.

→ RÄUCHERN

Eine der wichtigsten Maßnahmen war damals schon, aufgestaute Energien aus den Räumen zu entfernen. So wie es die Menschen in früheren Zeiten praktiziert haben, kann es auch heute noch gemacht werden. Es hat sich an der praktischen Umsetzung und auch am Räucherrezept nichts geändert.

Mit der Räucherpfanne geht man durch und um das Haus und wenn vorhanden in den Stall. Damit auch alle Energien gelöst werden können, nimmt man als Räucherwerk immer eine Mischung.
In diesem Fall: Fichtenharz, Angelikawurzel, Rosmarin, Myrtenblatt, Eisenkraut, Wacholderholz, Lavendel, Salbei, Beifuß
In der Natur gibt es kein Kraut oder Harz oder Wurzel, die alles kann. Jedes hat seine Aufgabe. Gemeinsam sind sie stark.

Wichtig:

Den Rauch 20 Minuten einwirken lassen und dann 20 Minuten lüften, damit der Rauch samt Inhalt nach außen kann. Ansonsten hat man alles gelöst, was in den Räumen hängt, aber nichts entsorgt.

→ LOSLASSEN,

was nicht übers Jahr getragen werden soll. Prüfen Sie in allen Bereichen des Lebens, wo die Dinge im vergangenen Jahr nicht so gelaufen sind, wie Sie es gerne gehabt hätten. Schreiben Sie auf, was Ihnen einfällt. Ordnen Sie die einzelnen Punkte zu:

- Partnerschaft, Familie, Freunde, Freizeit
- Beruf, Kariere, Erfolg
- Gesundheit, Leistung, Wohlstand
- Wirtschaftliche Situation, Geld, Besitz, Vermögen
- Zeit für sich, warum zu wenig
- Wunschzettel für das neue Jahr vorbereiten und in den kommenden Raunächten vollenden

Beginn der Raunächte

24.12. Mitternacht

Urspünglich wurden die Raunächte als „Rauchnächte" bezeichnet, da in dieser Zeit viel geräuchert wurde, um alles Alte und Schlechte zu entsorgen und Gutes willkommen zu heißen. Der Winter wurde ausgetrieben und das neue Jahr begrüßt.

1. Raunacht – 25. Dezember

Steht für den Monat Jänner des kommenden Jahres

THEMEN:

Altes loslassen

Diese Raunacht ist bestens dafür geeignet, um ungelöste Themen abzuschließen und nicht ins neue Jahr zu übertragen. Die vorhandene Last soll als solche gesehen werden und der Wunsch nach Erleichterung wird heute auch spürbar sein, wenn man nach innen lauscht.

Was war für mich das Besondere im zu Ende gehenden Jahr?

Hier geht es um das Bewusstmachen, was die herausragenden Ereignisse des Jahres waren. In unserer schnelllebigen Zeit ist es meist so, dass viele wertvolle Besonderheiten wie alles Übrige sehr schnell verworfen und vergessen werden. Diese sind aber Balsam für unsere Seele und gehören auch dementsprechend gewürdigt.

Welche Veränderungen habe ich in den letzten 12 Monaten bewusst wahrgenommen und was hat sich dadurch verändert?

Veränderungen in mir oder in meinem Umfeld sind wichtig, denn daran sieht man, dass sich etwas bewegt. Wo sich etwas bewegt, da ist auch Veränderung und das Leben ist permanente Veränderung. Allerdings nur wenn man sie zulässt und nicht bewusst unterdrückt und verdrängt.

Was nehme ich in das neue Jahr mit?

Was man sich im Laufe des Jahres durch Erlebnisse neu angeeignet hat, sollte unbedingt ins neue Jahr mitgenommen werden. Solche persönlichen Weiterentwicklungen tragen zum seelischen Wohlbefinden bei und geben uns Halt und Selbstvertrauen, wenn wieder einmal ein „rauer Wind“ weht.

Welche Ereignisse haben mich dankbar gemacht?

Es ist auch wichtig, niemals die Wertschätzung und Dankbarkeit zu vernachlässigen. Denn als dankbarer Mensch bin ich in einem positiven Energiefeld, was sich sehr gut auf das eigene Wohlbefinden auswirkt. Wenn man wach durchs Leben geht, gibt es viele Situationen, die dankbar angenommen werden sollten. Viele Menschen bitten um etwas, an das Bedanken denken sie nicht mehr, wenn der Wunsch in Erfüllung gegangen ist. Das ist aber das Mindeste, was dafür getan werden kann.

Mein Tipp:

Raunachtstagebuch führen und alles dort hineinschreiben. Dann kann man auch im Laufe des nächsten Jahres immer wieder nachsehen, wie sich die Dinge entwickelt haben. Auch die jeweilige Raunacht beschreiben, wie man sie erlebt hat, was gefühlt wurde, welche Ereignisse es gab.

Räuchern in der ersten Raunacht

Die Räucherung in den Raunächten ist dann am effektivsten, wenn man zum Thema passend die richtigen Zutaten wählt und diese dann optimal wirken können.

Wichtig ist es natürlich auch, sich Zeit zu nehmen.

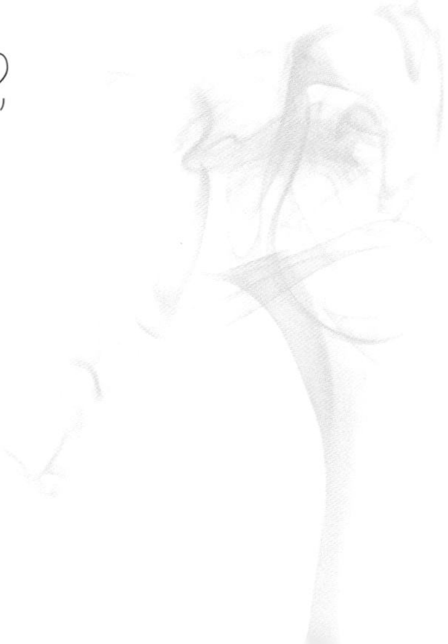

MISCHUNG AUS:

Weihrauch, Wacholder, Fichtenharz, Salbei, Beifuß, Rosmarin, Lavendel, Eisenkraut*

Während des Räucherns kann man folgende Affirmation sprechen:

Alles was jetzt auf meinem Lebensweg liegt, nehme ich mit Freude in Empfang.

*Die Wirkung der jeweiligen Kräuter finden Sie auf Seite 94/95

2. Raunacht – 26. Dezember

Steht für den Monat Februar des kommenden Jahres

THEMEN:

Wie kann ich in die Stille kommen und inneren Frieden erlangen?
Nur aus der Stille heraus ist es möglich wahrzunehmen, was in mir vorgeht. Durch Ablenkung von außen bleibt mir das verborgen. Das bewusste Erleben der Raunachtsenergie etwa durch einen Spaziergang fördert das. Jedoch sollte dabei weder ein Handy noch sonstige Störfaktoren in der Nähe sein. Der innere Frieden und die innere Stimme werden dadurch geweckt.

Was braucht es, um Veränderungen zulassen zu können?
Dieses große Thema kommt immer wieder in den Raunächten vor. Für heute ist es sinnvoll, sich einen Zettel zu schreiben, welche Änderungen für mich anstehen. Also am besten die Jetztsituation und daneben die erwünschte Situation aufschreiben. Maximal drei Themen wählen.

Würdige und ehre ich meine Ahnen und ihre Herkunft?
Heute wissen viele Menschen nicht mehr, wie die Urgroßeltern gelebt, geschweige denn wie sie geheißen haben. Das ist eine

Nichtbeachtung der eigenen Wurzeln. Dadurch fühlen sich die Menschen auch oft „entwurzelt". Daher ist es wichtig, sich bildlich vorzustellen, wie die Ahnen in einer Reihe hinter dem Rücken stehen und ihre Kraft bis nach vorne reicht. Diese Kraft kann man gut erspüren und ebenso visualisieren, dass diese Energie nach vorne zu den Kindern und Enkelkindern geht, indem man sie weitergibt.

Was soll seelisch oder körperlich geheilt werden und wie?

In das Tagebuch, das ich Ihnen bei der ersten Raunacht angeraten habe, gehört auch aufgeschrieben, welche Beschwerden derzeit aktuell sind. Wie hängen die Krankheiten miteinander zusammen? Wo liegt die mögliche seelische Ursache? Über den Körper zeigt uns die Seele, wo ein Problem liegt. Daher sollte man immer an die Wurzel des Übels gehen und nicht nur das körperliche Symptom bekämpfen.

Was sagen Träume in den Raunächten aus?

In das Tagebuch sollte unbedingt auch geschrieben werden, was man in dieser Nacht träumt. In Träumen bekommen wir sehr oft Antworten auf Fragen, die uns beschäftigen. Wenn auch nicht gleich erkannt wird, was der Traum uns sagen will, so ist es umso wichtiger, ihn aufzuschreiben, um vielleicht in einigen Tagen die Lösung zu erkennen. Da der Schleier zur Anderswelt in den Raunächten viel dünner ist als sonst, kommen auch über Träume Hinweise für uns leichter durch.

Mein Tipp:

Lassen Sie heute durchgehend eine Kerze brennen für die Menschen, die sie lieben. Hier sollen auch die verstorbenen Familienmitglieder und Freunde eingebunden sein. Setzen Sie sich bewusst vor die Kerze und stellen Sie sich vor, dass die Energie des Kerzenlichtes bis in Ihr Herz dringt. Vielleicht wird in diesem Moment die Kerze auch von selbst zu flackern beginnen.

Räuchern in der zweiten Raunacht

Auch hier sind die Zutaten so zusammengestellt, dass sie optimal die Themen dieses Tages unterstützen. Nehmen Sie sich bewusst Zeit und laden Sie auch die Familienmitglieder oder Freunde ein, diese Auszeit für die Seele zu genießen. Jeder, der am Tisch sitzt, sollte einmal nachlegen. So entsteht ein schönes Gefühl des Miteinanders. Zwischen dem Nachlegen einige Zeit vergehen lassen, denn der Rauch soll nicht zu intensiv in der Wohnung sein. Weniger ist mehr. Die Räucherzutaten wirken nach und haben viel Kraft. Daher immer dezent auflegen. Wenn Sie es für richtig empfinden, können Sie den Räuchertopf auch vor die Tür stellen oder damit durch den Garten schreiten, zu Ehren der Ahnen.

MISCHUNG AUS:
Weihrauch, Zeder, Mädesüß, Rose, Ysop, Alant, Lavendel, Salbei, Beifuß*

Während des Räucherns kann man folgende Affirmation sprechen:

Ich bin behütet und beschützt und meine Ahnen geben mir die Kraft, um all meine Aufgaben auf Erden gut zu meistern.

*Die Wirkung der jeweiligen Kräuter finden Sie auf Seite 94/95

3. Raunacht – 27. Dezember

Steht für den Monat März des kommenden Jahres

THEMEN:

Wie öffne ich mein Herz?

Ganz ehrlich, wie oft am Tag denken Sie daran, was Ihr Herz für Sie leistet? Es ist so selbstverständlich geworden, dass es einfach zu funktionieren hat. Geben Sie doch an diesem Tag Ihrem Herzen viel Aufmerksamkeit und seien Sie dankbar. Visualisieren Sie, wie aus dem Herzen rosarotes Licht strömt und Sie einhüllt. Das Gefühl, in dieser rosa Farbe zu baden, gibt viel Geborgenheit. Diese Übung kann immer wiederholt werden. So bleibt man in Kontakt mit seinem Herzen.

Wie werden Wunder im Leben sichtbar?

Schauen Sie heute besonders genau auf die kleinen Dinge im Leben. Wundern Sie sich über einen Vogel, der nicht wegfliegt, auch wenn sie ihm sehr nahe kommen. Vollbringen Sie eine gute Tat, indem sie jemandem, der einsam ist oder Ihre Hilfe benötigt, beistehen. Sie werden sich wundern, welche Wirkung das haben kann. Gehen Sie bewusst durchs Leben und fokussieren Sie die kleinen Wunder, die man in der Hektik meist gar nicht wahrnimmt.

Sich öffnen (Aufbruch), aber wie?

Heute ist ein guter Tag dafür, um einmal etwas Belastendes aus dem Inneren herauszuholen und entweder darüber zu sprechen oder darüber zu schreiben. Dies ist der Beginn einer Problemlösung. Wenn dann noch eine Aufbruchstimmung dazukommt und man mit der Hand auf den Tisch klopft und sich sagt: „Jetzt gehe ich es an", dann merkt das Unterbewusstsein, dass nun ernsthaft eine Veränderung geplant ist, und alles in uns konzentriert sich darauf. Die Energie dieser Raunacht hilft dabei besonders gut.

Was gibt mir Kraft im neuen Jahr?

Wählen Sie heute aus, welchen Anker Sie ins nächste Jahr mitnehmen. Viele Menschen haben dafür ein bestimmtes Tier. Meines ist die Eule. Wenn ich einmal nicht weiterweiß oder einen Rat brauche, dann verbinde ich mich mit diesem Tier und bekomme innerhalb kürzester Zeit einen Impuls, den ich als Antwort erkenne. Auch ein Baum kann diese Funktion übernehmen, indem man ihn umarmt und in ihn hineinspürt oder auch hört, was er einem sagen will. Ein Symbol sollte man so wählen, dass auch die Wirkung davon bekannt ist. Jedes Symbol hat eine spezielle Wirkung und daher ist es sinnvoll, diese zu kennen.

Sich überlegen, mit wem ich weiter Kontakt haben möchte

Sollten Sie das Gefühl haben, Sie sind von Menschen umgeben, die den Kontakt zu Ihnen sehr einseitig leben, indem sie nur einen

„Mülleimer" suchen, um die Probleme darin auszuleeren, dann ist es keine freundschaftliche Bindung. In solchen Fällen sollte ein Umdenken Ihrerseits stattfinden. Heute ist die Energie dafür günstig, um sich ganz gezielt von belastenden Menschen zu distanzieren. Wenn etwas losgelassen wird, kommt etwas anderes auf einen zu. Auch andere Menschen, die einem guttun.

Mein Tipp:

Hängen Sie ein Bild an einen schönen Platz und nehmen Sie es als Ihren Anker für das kommende Jahr. Immer wenn Sie es ansehen, soll es Sie daran erinnern, was Sie sich vorgenommen haben.

Räuchern in der dritten Raunacht

Die heutige Räuchermischung ist sehr lieblich und daher empfehle ich, diesen Geruch bewusst wahrzunehmen. Rose und Rosenwurz öffnen das Herz und aus diesem Zustand heraus können all die heutigen Themen noch viel besser bearbeitet werden. Wenn Ihre Familie beim Räuchern anwesend ist, fassen Sie sich alle an der Hand und das Gefühl der gegenseitigen Zuneigung wird durch die entsprechenden Zutaten des Räucherns noch viel intensiver. Sollten Sie eine Katze oder einen Hund besitzen, dann schließen Sie dieses Tier nicht aus.

Räucherrezept

MISCHUNG AUS:
Wacholderbeeren, Wacholderspitzen, Weihrauch, Sonnenblume, Rose, Lavendel, Rosenwurz, Zitronenmelisse, Mädesüß*

Während des Räucherns kann man folgende Affirmation sprechen:

Ich öffne mich den Wundern des Lebens und bin für alle positiven Veränderungen dankbar.

*Die Wirkung der jeweiligen Kräuter finden Sie auf Seite 94/95

4. Raunacht – 28. Dezember

Steht für den Monat April des kommenden Jahres

THEMEN:

Worauf bin ich heute neugierig?

Gehen Sie vor die Türe, am besten bei Dämmerung, und lauschen Sie, welche Geräusche wahrnehmbar sind. Wählen Sie einen stillen Ort und entdecken Sie, welche Impulse sich einstellen. Es reicht schon, eine Viertelstunde bewusst dafür offen zu sein und neugierig auf alles, was kommt, zu warten.

Wie kann ich heute liebevoll für mich sorgen?

Konzentrieren Sie sich heute speziell auf Ihre Bedürfnisse. Was haben Sie für Wünsche oder Sehnsüchte? Gehen Sie in ein Geschäft und kaufen Sie eine Blume, die Sie sich selbst schenken. Wählen Sie eine Zeitspanne aus, wenn es auch nur eine Stunde ist. Machen Sie nur das, was für Sie selbst bestimmt ist. Buch lesen, spazieren gehen, Musik hören, bummeln oder einfach nichts tun und die Seele baumeln lassen.

Wem möchte ich danken, wer war im letzten Jahr für mich da?

In jedem Lebensjahr gibt es Situationen, wo Hilfe von außen sehr wichtig ist. Das ist nicht selbstverständlich und wird oft zu wenig gewürdigt. Viele Menschen leben heute sehr isoliert und haben oft wenig soziale Kontakte. Umso wertvoller ist es, wenn Hilfe ganz uneigennützig geleistet wird. Sollten Sie sich bei einem Haustier für besondere Treue bedanken wollen, dann geben Sie Ihrem Liebling heute ein besonders gutes Fressen und sprechen Sie den Dank auch laut aus. Es versteht, was Sie sagen wollen.

Was schenkt mir tiefe Freude und Erfüllung?

Heute ist die Energie vorhanden, um Freude sehr gut wahrnehmen zu können. Wann haben Sie zuletzt Freude empfunden? Man kann sich heute auch freudvoll für das nächste Jahr einschwingen. Man erlebt eine gewünschte Situation voller Freude, visualisiert den Istzustand und nimmt sie mit allen Sinnen in Empfang.

Wünsche auf Zettel schreiben und verbrennen

Der Wunschzettel soll sich auf drei Themen beschränken. Die Wünsche werden kurz beschrieben, z. B. „Ich wünsche mir, dass ich im kommenden Jahr genau den Partner finde, der auf meinem Lebensweg für mich bestimmt ist".

Den Zettel in einem alten Topf verbrennen, sodass kein einziger Buchstabe mehr lesbar ist. Dann die Asche einsammeln und einem fließenden Gewässer übergeben. Am besten wäre ein Bach. Man stellt sich ans Ufer und streut die Asche hinein. Dabei bittet man nochmals das Universum um die Erfüllung der Wünsche.

Dann lässt man los und denkt nicht mehr an das Geschriebene. Denn wenn Zweifel betreffend der Erfüllung aufkommen, ist dies wie eine Stornierung der Wünsche zu werten.

Mein Tipp:

Danken Sie den Menschen, die für Sie da waren, mit einer handgeschriebenen schönen Karte und geben Sie diese per Post auf. Das zeigt Ihre Wertschätzung diesen Menschen gegenüber noch deutlicher. Heute fällt etwas Handgeschriebenes wieder sehr auf, denn durch die sozialen Medien wird nur mehr via E-Mail, SMS oder Posting kommuniziert. Durch ein handgeschriebenes Dankschreiben geben Sie auch Ihre Energie ganz intensiv mit auf die Reise.

Räuchern in der vierten Raunacht

Der Räuchervorgang sollte in dieser Nacht während des Schreibens eines Wunschzettels erfolgen. Der Räuchertopf kann dann auch ins Schlafzimmer getragen werden. Dort das Räucherwerk für diese Raunacht ebenfalls auflegen, damit die Zutaten auch während des Schlafes wirken können. Auch die Haustiere sollte man heute besonders in den Räuchergang einbinden, also dort räuchern, wo sich Tiere aufhalten. In einem Stall etwa.

Räucherrezept

MISCHUNG AUS:
Weihrauch, Myrrhe, Tanne,
Frauenmantel, Ringelblume,
Eisenkraut, Holunder*

Während des Räucherns kann man folgende Affirmation sprechen:

Ich sorge liebevoll für mich und lebe in Freude und innerer Fülle.

*Die Wirkung der jeweiligen Kräuter finden Sie auf Seite 94/95

5. Raunacht – 29. Dezember

Steht für den Monat Mai des kommenden Jahres

THEMEN:

Wie lebe ich Freundschaften?

Wahre und echte Freundschaften sind heute keine Selbstverständlichkeit mehr. Menschen haben immer weniger Zeit, Freundschaften zu pflegen. Durch immer mehr Freizeitstress sind auch Abende im Kreis netter Menschen seltener geworden. Daher ist heute die richtige Zeit dafür, den Freunden zu danken und auch zu sagen, was sie einem bedeuten.

Den Körper pflegen und heiligen

Nehmen Sie sich heute Zeit, um Ihrem Körper bewusst etwas Gutes zu tun. Etwas was nicht tagtäglich geschieht, sondern eine besondere Behandlung ist gefragt. Auch eine Sporteinheit, die man immer wegen Zeitmangels aufschiebt, wäre gut. Streicheln Sie Ihren Körper bewusst und nehmen Sie wahr, wie sich das anfühlt.

Das alles sollte eigentlich täglich angewendet werden, fällt aber meist aus. Sie sollten niemals vergessen, dass Sie der wichtigste Mensch in Ihrem Leben sind. Denn wenn Sie sich nicht lieben oder wahrnehmen, können Sie auch keinen anderen Menschen lieben.

Sind Wahrheit und Klarheit erkennbar?

Es ist wichtig, heute den Fokus darauf zu richten, ob man die Welt so wahrnimmt, wie sie in Wirklichkeit ist, oder ob man durch einen Nebel schaut und es gar nicht wahrhaben will, wie sie wirklich aussieht. Heute ist die Energie leicht erkennbar, wie man von den Nebelschwaden in die Klarheit treten kann. Mit klarer Sicht sind alle Situationen viel leichter zu verstehen.

Welche schlechten Erinnerungen habe ich vom zu Ende gehenden Jahr?

Immer gibt es Situationen, die man erst gar nicht abspeichern möchte. Aber im Unterbewusstsein sind sie immer noch vorhanden. Daher sollte man sich heute eine besonders schlechte Erfahrung vorstellen und diese Szene oder diese Bilder in violettes Licht tauchen, damit alles transformiert werden kann.

An geistige Helfer Dank aussprechen

Engel oder sonstige Wesenheiten aus der geistigen Welt freuen sich vor allem auch in dieser Zeit, wenn man eine Kerze anzündet und sich für die Hilfe, die sie uns immer wieder schicken, bedankt. Meist bittet man um etwas und wenn es dann eintritt, ist es so selbstverständlich, dass der Dank vergessen wird.

Mein Tipp:

Machen Sie Ihr Bad zur Oase und zünden Sie Kerzen an, auch die Räucherschale mit dem Räucherwerk des heutigen Tages in den Raum stellen. Ein Bad mit entspannenden oder entlastenden Zutaten einlassen und ganz ohne Zeitdruck diese Auszeit genießen. Wenn Gedanken oder Ideen aufkommen, ins Raunachtstagebuch schreiben.

Räuchern in der fünften Raunacht

Heute können Sie die Kraft der Räucherzutaten besonders als Unterstützung bei der Pflege Ihres Körpers nützen. Nehmen Sie die Räucherschale und legen Sie das Räucherwerk z. B. im Bad auf. So kann die Unterstützung durch jede Zelle des Körpers aufgenommen werden. Egal ob Sie baden oder duschen. Das Räuchern ist heute bei allen Maßnahmen zum Wohle von Körper, Geist und Seele sehr effektiv.

Räucherrezept

MISCHUNG AUS:
Weihrauch, Kiefer, Lebensbaum, Angelika, Salbei, Bernstein, Rose, Holunder, Mistel*

Während des Räucherns kann man folgende Affirmation sprechen:

Voll Dankbarkeit nehme ich alle Hilfe an, die ich zur richtigen Zeit am richtigen Ort bekomme.

*Die Wirkung der jeweiligen Kräuter finden Sie auf Seite 94/95

6. Raunacht – 30. Dezember

Steht für den Monat Juni des kommenden Jahres

THEMEN:

Welche Aktivitäten wirken heute besonders gut?

Heute ist die Energie dafür da, um immer wieder weggeschobene Gegenstände endlich dorthin zu bringen, wo sie hingehören, z. B. wenn der Wunsch schon lange da ist, etwas in der Wohnung zu verändern. Bilder können umgehängt oder abgehängt werden. Vielleicht hat man den Wunsch, auch etwas davon zu verschenken. Das sollte aber gleich heute geschehen, denn wenn der Gegenstand wieder irgendwo zwischengelagert wird, vergisst man erneut, dies zu tun.

Gefühle zulassen und umarmen

Es ist für viele Menschen bequemer, Gefühle zu verdrängen, als sie zuzulassen. Heute ist der Zeitpunkt dafür günstig, um die aufgestauten Gefühle einmal zu betrachten und den Schluss zu ziehen, dass gewisse negative Gefühle endlich erlöst gehören, um sie nicht übers Jahr weiterzutragen. Eine bewusste Umarmung eines Menschen oder auch eines Tieres kann heute besonders gute Emotionen hervorbringen.

Wie steht es mit der Selbstliebe?
Heute ist die richtige Zeit, um bewusst zu hinterfragen, warum man immer wieder Partner oder Freunde anzieht, die nicht so liebevoll sind. Viele vergessen, dass man ein liebevoller Partner sein muss, um einen solchen auch anzuziehen. Wenn ich mich selbst nicht liebe, kann ich auch keinen anderen Menschen lieben. Da geht es nicht nur um Lebenspartner, sondern um alle Partnerschaften.

Wie können Zerwürfnisse und Streit friedvoll bereinigt werden?
Heute sind Emotionen gut in den Griff zu bekommen. Wo gibt es vielleicht schon lange Spannungen oder auch Streitigkeiten, die gar nicht mehr so genau nachvollzogen werden können. Wodurch kam es zum Streit? Die heutige Energie kann bewirken, dass die Sichtweise auf dieses Problem eine ganz andere wird.

Was habe ich mir im vergangenen Jahr selbst nicht vergeben?
Vergebung ist eine wichtige Maßnahme, um sich frei fühlen zu können. Nachtragend zu sein ist eine schlechte Entscheidung, denn dieser Zustand hält mich ganz stark in der Vergangenheit fest. Meist übersieht man dabei, dass eine Entscheidung, die getroffen wurde, genau die war, die man auch treffen wollte. Sonst hätte man es nicht getan. Die heutige Sichtweise auf dieses Thema ist eine ganz andere, ich kann diese Angelegenheit vielfach nicht mehr richtig nachvollziehen.

Mein Tipp:

Schreiben Sie auf kleine Zettel die Namen von Menschen, mit denen Sie keine harmonische Beziehung haben. Es müssen nicht heftige Streitigkeiten sein, sondern es kann auch kleine Zerwürfnisse betreffen. Drehen Sie diese Zettel um, sodass man den Namen nicht lesen kann. Ziehen Sie einen Zettel, indem Sie mit der linken Hand darüberfahren und in sich hineinfühlen. Dabei nicht aus dem Kopf entscheiden, sondern aus dem Bauch. Nehmen Sie Kontakt mit diesem Menschen auf und sprechen Sie aus, was Sie belastet.

Räuchern in der sechsten Raunacht

Beim Räuchern können Sie heute alle Familienmitglieder oder Freunde um die Räucherschale versammeln und einen Kreis bilden lassen. Ob im Sitzen oder Stehen ist egal. Alle fassen sich an den Händen und man kann jedem Einzelnen danken oder ihm etwas wünschen. Kinder sollen auch mit eingebunden werden.

Mädesüß

MISCHUNG AUS:
Salbei, Kampfer, Kiefernharz, Mädesüß, Myrte, Weihrauch, Eisenkraut*

Eisenkraut

Während des Räucherns kann man folgende Affirmation sprechen:

Ich vergebe mir von Herzen und bin frei.

Myrte

Kiefer

Kampfer

Salbei

*Die Wirkung der jeweiligen Kräuter finden Sie auf Seite 94/95

7. Raunacht – 31. Dezember

Steht für den Monat Juli des kommenden Jahres

THEMEN:

Wie bereite ich mich auf das kommende Jahr vor?

Nun ist die Energie dafür offen, um Platz zu machen für all die Schönheiten, die das neue Jahr bereithält. Wenn der Ballast allerdings nicht vorher weggeräumt wird, dann kann vieles nicht geschehen. Unter Ballast verstehe ich sowohl Materie als auch seelischen Müll. Schwingen Sie sich auf die herrschende Energie ein und tun sie einfach das, was sie schon lange tun wollten, um Platz zu schaffen.

Hilfsbereitschaft

Nehmen Sie sich vor, heute bewusst jemandem zu helfen. Es kann z. B. ein alter Mensch sein, den sie kennen, aber selten besuchen. Bringen Sie etwas Persönliches mit und schenken sie dieser Person einfach nur Zeit.

Sehr emotional läuft auch oft ein Besuch in einem Altersheim oder in einer Krankenstation ab. Wenn man auch niemanden kennt, die Menschen, die sich dort aufhalten, sind unendlich dankbar für ein Lächeln oder ein paar persönliche Worte.

Aufräumen im Kopf

Heute kann man sich bewusst von einem Gedankenmuster trennen und beschließen, dass es jetzt an der Zeit ist, dieses nicht ein weiteres Jahr mit sich herumzuschleppen. Etwa wenn Sie sich ständig suggerieren, „Das schaffe ich nicht“, dann lautet die Umkehr, „Ich schaffe es“. So kann es auch durch eine vermeintlich kleine Maßnahme zu großen Veränderungen kommen.

Alles entsorgen, was mir nicht mehr dient

Worauf kann man im kommenden Jahr verzichten? Ziergegenstände oder Kleider und Schuhe? Alte Notizen oder sonstige Zettel? Altes, das man jahrelang anschaut und immer noch glaubt, man benötigt es noch einmal?

Der Familie geistige Geschenke machen

An diesem Tag kann man gut in die Energie der Dankbarkeit gehen und auch den Segen für Familie und Freunde sowie Haustiere aussprechen. Auch die Bitte gehört dazu, dass Sie mit all Ihren Lieben wieder ein wundervolles Jahr verbringen wollen. Dabei kann man auch einen Schutzengel oder geistigen Helfer einbauen und ihn um Unterstützung bitten.

Mein Tipp:

Nehmen Sie sich vor, 20 Gegenstände, egal was es ist, an diesem Tag zu entsorgen. Nicht wegsperren, nein entsorgen. So dass Sie diese nicht wieder hervorholen können. Es kann alles Mögliche sein. Alte Decke der Katze, Souvenir, das schon ewig in einem Schrank steht, halbleere Parfumflaschen mit einem Duft, den man nicht gerne hat, aber trotzdem noch wartet, bis der Tag kommt, dass man ihn doch noch mögen wird.

Räuchern in der siebenten Raunacht

Heute hat das Räuchern einen ganz großen Stellenwert. Altes soll raus und das Neue wird begrüßt. Die Zutaten sind genau darauf ausgerichtet, das zu tun. Man sollte den Rauch in den Räumen 20 Minuten einwirken lassen und dann lüften, damit alles, was hinausgehört, entweichen kann. Während des Lüftens kann man sich vorstellen, wie die Belastungen im Rauch die Räume verlassen. Das ist ein sehr gutes Gefühl.

Räucherrezept

MISCHUNG AUS:
Kalmus, Zimt, Eisenkraut,
Myrrhe, Angelika, Melisse,
Beifuß*

Während des Räucherns kann man folgende Affirmation sprechen:

Ich lasse in Liebe los und freue mich auf alles Neue, das auf mich zukommt.

Die Wirkung der jeweiligen Kräuter finden Sie auf Seite 94/95

8. Raunacht – 1. Jänner

Steht für den Monat August des kommenden Jahres

THEMEN:

Selbstverwirklichung

Wie viele Vorsätze wurden im Lauf des Lebens von Ihnen schon gebrochen? Wenn Sie sich selbst verwirklichen möchten, müssen Sie bei Ihren Vorhaben bleiben. Ansonsten kann keine positive Veränderung in Ihr Leben treten. Hier gilt auch wieder, sich nicht zu viel vorzunehmen, sondern ganz bewusst etwas zu wählen, wohin Sie zielstrebig den Weg verfolgen können. Viele Menschen haben durch das Scheitern eines Vorhabens mit dem Verlust des Selbstvertrauens zu kämpfen, weil sie sich als Versager fühlen.

Ein Bad nehmen und alles Alte abwaschen

Auch der Körper kann etwa mit einem Basenbad von Verunreinigungen, die aus dem alten Jahr noch da sind, befreit werden. Wenn man sich vorstellt, wie das warme Badewasser alle Poren öffnet und so Altes und Belastendes entweichen kann, ist dies ein angenehmes Gefühl.

Welche Vorsätze fasse ich für das neue Jahr?

Die Aufbruchstimmung in dieser Raunacht ist spürbar und daher kann man auch klarer fühlen, welche Veränderungen man sich für das kommende Jahr vornehmen will. Zu viele Vorsätze sind nicht gut, weil ansonsten die Umsetzung mit Leistungsdruck einhergeht. Ich denke, dass ein oder zwei Vorsätze eher zum Ziel führen. Nicht gleich resignieren, wenn es mit dem Vorhaben nicht klappen will. Am Ball bleiben und sich das Ziel visualisieren.

Wohnung räuchern

Alle Energien, die noch in der Wohnung oder im Haus hängen und vom alten Jahr stammen, sollen die Möglichkeit haben, sich zu verabschieden.

Das Essen mit Naturwesen teilen

In vielen Kulturen ist es ganz selbstverständlich, dass in den Raunächten Essen mit den Naturwesen geteilt wird. Dadurch sollen im neuen Jahr Fülle und Segen zu den Bewohnern kommen. Man gibt ein Schälchen mit verschiedenen Kräutern und Blüten unter einen Obstbaum oder unter einen Strauch. Dabei sollte man sich für die Anwesenheit der Naturgeister bedanken und ihnen sagen, dass sie immer willkommen sind.

Mein Tipp:

Fertigen Sie ein Bild an, wie einer oder mehrere Vorsätze bildlich aussehen könnten. Beim Thema Abnehmen z. B. schneidet man aus einer Zeitschrift einen tollen Körper aus, klebt ihn auf ein Blatt Papier und setzt dann aus einem anderen Foto seinen eigenen Kopf darauf. So kann man wunderbar visualisieren, wie man aussehen könnte, wenn der Vorsatz klappt. Dieses Bild in das Raunachtstagebuch geben und immer wieder ansehen. Dasselbe kann man auch mit einem Haus oder einer Wohnung machen, die man sich wünscht.

Räuchern in der achten Raunacht

Heute sollte mit der Mischung der achten Raunacht sowohl beim Visualisieren des Vorsatzes als auch beim Baden geräuchert werden. Der Räuchertopf sollte immer in der Nähe stehen, damit die Räucherzutaten den Körper treffen. Dezent räuchern reicht aus. Wenn die Naturwesen heute mit Essen versorgt werden, sollte auch der Räuchertopf dabei sein, denn diese Wesen lieben den Duft der Räucherwerke und fühlen sich dadurch sehr geehrt. Das Bedanken bei den Naturgeistern ist um das Vielfache wirkungsvoller, wenn dabei geräuchert wird.

Räucherrezept

MISCHUNG AUS:
Weihrauch, Myrrhe, Zeder, Orange, Melisse, Eisenkraut, Rose*

Während des Räucherns kann man folgende Affirmation sprechen:

Alles was für mich bestimmt ist, kommt zur richtigen Zeit und am richtigen Ort auf mich zu.

*Die Wirkung der jeweiligen Kräuter finden Sie auf Seite 94/95

9. Raunacht – 2. Jänner

Steht für den Monat September des kommenden Jahres

THEMEN:

Verzeihen, versöhnen, Frieden schließen

Diese Chancenfenster gibt es in den Raunächten öfter, und das ist nicht zufällig so. Denn es ist uns oft nicht bewusst, wie viel es in diesem Themenkreis zu tun gibt. Erst allmählich wird uns oft klar, wie viele „Baustellen" es hier zu bearbeiten gilt und wie viel es zu verzeihen und zu versöhnen gibt. Fangen Sie einfach an, es wird schöne Erfahrungen geben.

Kreativ sein

An diesem Tag ist der Weg frei, um zu entdecken, welche kreative Ader in einem schlummert. Meist sind uns diese Talente ja gar nicht bewusst. So ist es möglich, dass jemand intuitiv ein Blatt zur Hand nimmt und zu zeichnen beginnt, und es kommt ein schönes Bild zustande. Oder man sieht am Ufer eines Baches Schwemmholz und versucht daraus etwas zu basteln.

Glückssymbole verschenken

Glück- und Segenswünsche mit auf den Weg zu geben war immer schon ein Brauch in den Raunächten. Es geht dabei darum, dass, wenn man jemandem Glück wünscht, das Glück auch zu einem selbst zurückkommt. Daher sollte man so viel als möglich Glück wünschen, meist in Verbindung mit einem Glückssymbol, um das Glück dann auch selbst zu empfangen. Oft schenkt man dazu ein Symbol in Form von Kleeblatt, Glücksschwein, Pilz usw. Es können auch selbst gebastelte Gegenstände sein, die dann noch einen ganz anderen Stellenwert für den Beschenkten haben.

Das neue Jahr segnen

Jeder kann seine Art der Begrüßung des neuen Jahres ausleben. Ein sichtbares Zeichen zu setzen, dass man mit Freude an das Neue herangeht, war den Menschen immer schon sehr wichtig. Viele stellen Blumen auf oder legen Symbole vor die Tür oder unter Bäume. Wenn man das neue Jahr segnet, wird es einem auch zum Segen werden.

Hufeisen aufhängen, um das Glück einzuladen

Dieses Symbol soll im ganzen Jahr daran erinnern, dass das Glück in das Haus eingeladen wird. Man soll ein solches Symbol nie wegwerfen, sondern wenn es einmal unansehnlich wird, der Erde zurückgeben. Einfach irgendwo vergraben. Dasselbe kann man auch mit „Glückssteinen“ machen.

Mein Tipp:

Basteln Sie heute Ihren ganz persönlichen Begleiter für das neue Jahr. Einen Anker, der Sie immer wieder daran erinnert, wie positiv Sie das Jahr begonnen haben. Wenn dann ab und zu wieder dunkle Wolken am Horizont auftauchen, tut es gut, etwas zum „Anhalten" zu haben. Sollten Sie sich einen Gegenstand aus der Natur holen, so werden Sie sofort merken, welcher Stein oder welches Holz zu Ihnen will. Das ist dann genau für Sie bestimmt.

Räuchern in der neunten Raunacht

Begrüßen Sie heute bewusst während des Räucherns das neue Jahr und segnen Sie es. Wenn ich auf diese Weise die positive Energie ins Neue hole, wird es mich finden und das Jahr wird segensreich. Geben Sie in diesem Fall die Schale in den Garten oder Balkon bzw. auf die Terrasse und räuchern Sie auch dort.

Schauen Sie, wie sich der Rauch bewegt. Steigt er gerade hoch oder wirbelt er hektisch umher? So kann man auch sehen, ob das Jahr ruhig oder hektisch für einen selbst verlaufen wird.

Räucherrezept

MISCHUNG AUS:
Angelika, Johanniskraut, Lorbeer, Myrte, Wacholder, Holunder, Beifuß*

Während des Räucherns kann man folgende Affirmation sprechen:

Ich bin gesegnet und lebe in Frieden mit all meinen Mitmenschen.

**Die Wirkung der jeweiligen Kräuter finden Sie auf Seite 94/95*

10. Raunacht – 3. Jänner

Steht für den Monat Oktober des kommenden Jahres

THEMEN:

Eingebung Verbindung

Seien Sie sich dessen bewusst, dass Sie nicht vom Universum abgeschnitten sind, sondern alles in sich tragen, was Sie benötigen, um hier auf Erden Ihre Aufgaben erledigen und alle Hausaufgaben machen zu können. Wir sind alle „online" mit dem Ganzen und daher bekommen wir auch ständig Impulse über unser Bauchgefühl. Man nennt das auch Eingebung. Die sollte nie ignoriert werden. Denn viele Menschen haben schon erkannt, dass es bei so manchen wichtigen Entscheidungen besser gewesen wäre, auf die Intuition zu hören.

Auf die eigene Mitte besinnen

Besinnt man sich darauf, dass erst dann Harmonie und innerer Friede eintreten können, wenn die eigene Mitte gestärkt ist, hat man viel dafür getan, ein ausgeglichenes Leben führen zu können. Stehe ich fest im Leben, ist es wie mit einem Baum. Er ist auch bei einem starken Sturm nicht zu biegen. So wie die Erde den Baum trägt, so trägt uns das Leben, wenn wir in unserer Mitte weilen.

Segen

Alles was von uns gesegnet wird, wird einem zum Segen. Heute sollten Sie alles segnen, was Ihnen wichtig ist. Die Familie, die Haustiere, alle Orte, an denen Sie sich heute aufhalten, Ihr Auto, die Straßen, die Sie heute befahren, usw.

Beispiel: Ich segne meine Kinder, ich segne meine Enkel, ich segne alle Menschen, denen ich heute begegne.

Es ist ein gutes Gefühl, diese Worte auszusprechen.

Aufräumen

Gehen Sie heute bewusst durch Ihre Wohnung und machen Sie Kästen auf, die Sie selten öffnen. Dort werden sich Dinge finden, die Sie nie vermisst haben, weil Sie nicht mehr wussten, dass Sie sie besitzen. Wenn das so ist, dann können Sie alles getrost entsorgen. Das schafft Platz für Neues und macht Freude.

Meditieren

In einer Meditation kann jeder Mensch sein Seelenleben erforschen und damit auch zu sich selbst finden. Nicht zufällig meditieren auch heute noch die Weisen viele Stunden am Tag, um von innen wahrzunehmen, was gerade wichtig ist. Die meisten Menschen machen es umgekehrt. Aber aus der Hektik heraus kann keiner in sich hineinfühlen. Heute ist die Energie dafür gut, um auch als Einsteiger diese Form des Abschaltens genießen zu können.

Mein Tipp:

Nehmen Sie eine große Kerze und zünden Sie diese als Begrüßung für das neue Jahr an. Diese Kerze darf allerdings nicht gelöscht werden, sondern soll vollkommen abbrennen. Wenn Sie schlafen gehen oder das Haus verlassen, stellen Sie die Kerze gesichert in die Badewanne oder Dusche, damit nichts passieren kann.

Räuchern in der zehnten Raunacht

Meditieren Sie heute während des Räucherns. Entweder mit einer geführten Meditation auf einer CD oder wenn jemand vorliest, ist es auch gut. Sollte beides nicht möglich sein, dann gehen Sie in sich und versuchen Sie, alle Gedanken auszuschalten und einfach nur zu sein. Wenn man in den aufsteigenden Rauch schaut, gelingt dies besser.

Räucherrezept

MISCHUNG AUS:
Johanniskraut, Kalmus, Angelika, Weihrauch, Holunder, Wacholder, Alant*

Während des Räucherns kann man folgende Affirmation sprechen:

Ich höre auf meine innere Stimme und vertraue darauf, dass sie mich führt.

*Die Wirkung der jeweiligen Kräuter finden Sie auf Seite 94/95

11. Raunacht – 4. Jänner

Steht für den Monat November des kommenden Jahres

THEMEN:

Dankbarkeit

Heute ist ein guter Tag, um sich Gedanken zu machen, was man alles als selbstverständlich annimmt ohne jegliches Gefühl der Dankbarkeit. Es gibt so viele kleine Dinge, auch in der Natur, für die wir dankbar sein sollten. Seien Sie heute zehn Mal dankbar, nicht dafür, weil man gerade viel Geld in der Tasche hat, sondern für viele Dinge, die man nicht kaufen kann. Schreiben Sie Ihre Auswahl in Ihr Raunachtstagebuch.

Loslassen

Dieses Thema begleitet uns in den Raunächten immer wieder. Es bietet sich heute nochmals die Gelegenheit, Inventur zu machen und sich zu fragen, was beim Loslassen im neuen Jahr besonders wichtig ist. Egal ob Gegenstände, Situationen oder Menschen. Gut wäre, sich wirklich auch einen Anker zu setzen, damit das Vorhaben nicht nach kurzer Zeit wieder vergessen oder verdrängt wird. Früher hat man einen Knoten in ein Stofftaschentuch gebunden. Ich nehme als Memory immer einen Schlüsselanhänger, denn einen solchen Gegenstand hat man mehrmals täglich in der Hand und erinnert sich dann. Als Symbol habe ich die Eule gewählt.

Stärke

Jeder Mensch hat Stärken und Schwächen, und das ist auch gut so. Wir finden schließlich überall im Leben die Gegensätzlichkeit. Meistens werden aber nur die Schwächen von uns wahrgenommen und oft vergisst man, sich bewusst zu machen, welche Stärken wir im Laufe unseres Lebens entwickelt haben. Auch hier ist heute die Gelegenheit günstig, zehn Stärken aufzuzählen und sie bewusst wahrzunehmen. Das gehört ebenfalls ins Tagebuch und man sollte diese positiven Eigenschaften übers Jahr immer wieder abrufen.

Welche Visionen habe ich für das neue Jahr?

Es ist heute ein guter Zeitpunkt, um zu visualisieren, was man in sein Leben ziehen will. Nehmen Sie das gewünschte Ereignis mit allen Sinnen in Besitz. Wenn es eine neue Wohnung sein soll, dann gehen Sie in diesem Gebäude spazieren. Hören Sie Ihre Schritte. Stellen Sie sich vor, der Wunsch ist bereits in Erfüllung gegangen.

Womit verbringe ich die meiste Zeit?

Ist der Tag ausgefüllt mit Tätigkeiten, die man vermeintlich tun muss, um Geld zu verdienen, dann lebt man permanent im Mangel. Auch unsere seelischen Bedürfnisse müssen befriedigt werden, denn sie sind noch wichtiger. Wenn wir eines Tages von diesem Planeten gehen, dann werden wir nichts mitnehmen, denn das letzte Hemd hat keine Taschen. Orientieren wir uns nur am Besitz, dann haben wir die Hausaufgaben nicht gemacht und gehen mit leeren Händen. Was wirklich von uns bleibt, ist niemals Materie, sondern alle Erfahrungen, die wir in diesem Leben gesammelt haben.

Mein Tipp:

Schreiben Sie in Ihr Raunachtstagebuch, welche Sehnsüchte und Wünsche sich bis jetzt nicht erfüllt haben. Schreiben Sie auch dazu, warum. Nehmen Sie sich vor, wenigstens einen großen Wunsch in Erfüllung gehen zu lassen. Nicht vergessen den Zeitpunkt dazuzuschreiben, wann sich der Wunsch erfüllen soll.

Räuchern in der elften Raunacht

Heute kann man bewusst seine Seele beim Räuchern in den Vordergrund treten lassen. Sie wird so oft vernachlässigt und leistet doch unaufhörlich ganze Arbeit. Schließen Sie die Augen während des Räucherns und gehen Sie in sich, um wahrzunehmen, welche Botschaft Ihnen Ihre Seele geben will. Bedanken Sie sich bei ihr.

Räucherrezept

MISCHUNG AUS:
Weihrauch, Bernstein, Rose,
Zimt, Beifuß, Kalmus, Sternanis,
Sonnenblume, Holunder*

Während des Räucherns kann man folgende Affirmation sprechen:

Ich nütze meine Zeit sinnvoll und bin dankbar für alle Erfahrungen.

Die Wirkung der jeweiligen Kräuter finden Sie auf Seite 94/95

12. Raunacht – 5. Jänner

Steht für den Monat Dezember des kommenden Jahres

THEMEN:

Letzte Chance der Bereinigung

In der letzten Raunacht, bevor sich die Tore zur Anderswelt wieder schließen, dürfen wir nochmals nachbessern, was wir noch nicht so ganz auf die Reihe gebracht haben. Noch einmal kann alles, was noch der Reinigung bedarf, geklärt werden. Es genügt etwa das Bewusstsein, dass man jemandem verzeihen möchte oder sich bei jemandem entschuldigen sollte. Genauso kann es darum gehen, dass man etwas Ausgeborgtes dem Eigentümer zurückgibt.

Loslassen – Wovon möchte ich mich befreien?

Jetzt hat man letztmalig die Chance, all das loszulassen, was noch immer nicht von mir gehen konnte. Dabei kann es sich wieder um Menschen handeln. Jeder, der mir nicht guttut, sollte losgelassen werden. Oft glaubt man zwar nach Liebesbeziehungen, dass man immer alleine bleibt. Aber solange man nicht loslässt, kann nichts anderes auf uns zukommen. Also sollte man es wagen. Denn „alles, was zusammengehört, kann man nicht trennen. Alles, was nicht zusammengehört, kann man nicht halten".

Was wollen Sie auf die Erde bringen?

Was soll nach Ihrem Ableben über Sie gesagt werden? Welche Spuren, welche Erinnerungen im Kopf der Menschen sollen bleiben?

Heutzutage schreiben viele Menschen ihren eigenen Nachruf. Darin wird alles verewigt, was bleiben soll und was dem Betroffenen wichtig ist.

Die Nacht der Wunder

Wunder wahrnehmen heißt auch, Kleinigkeiten zu beachten. Wenn der Himmel besonders schöne Aquarelle zeigt, können darin auch Figuren aller Art entdeckt werden. Daraus kann ein Zusammenhang zu den eigenen Themen abgelesen werden. Ich sah in den Wolken schon sehr viele Engelwesen, Kobolde oder Tiere. Ein Wunder kann aber auch sein, wenn eine Bitte ans Leben ausgesprochen wurde, und die Antwort kommt über einen Satz, den man irgendwo liest oder den jemand ausspricht.

Die Tore zur Anderswelt schließen sich wieder

Die dünnen Schleier verdichten sich heute wieder und die Tore der vielen Möglichkeiten gehen erneut zu. Es ist interessant, dass man tatsächlich den Unterschied wahrnehmen kann. Ich habe mich bewusst auf diese Energie eingelassen und sie unglaublich gespürt.

Es war bei mir oft fast Wehmut dabei, weil ich wusste, dass nun wieder ein Jahr vergehen muss, um dieselben Erfahrungen erneut machen zu können.

Mein Tipp:

Schreiben Sie heute Ihre Ahnenreihe auf. Die Enkelkinder wissen großteils nicht mehr, wer die Urgroßeltern waren,was aber später, wenn sie groß sind, zum Thema werden kann. Denn einmal will man wissen, aus welchen Menschen sich die Familie zusammensetzt. Wenn die Eltern nicht vorgesorgt und dieses Wissen weitergegeben haben, ist es hilfreich, wenn es eine Aufzeichnung gibt. Sie können einen solchen Zettel in das Raunachtstagebuch geben.

Räuchern in der zwölften Raunacht

Heute sind die Räucherzutaten in der Lage zu helfen, all meine Erfahrungen der Raunächte zu bündeln und in mir zu speichern. In Ruhe setzt man sich an einen gemütlichen Platz und lässt alles noch einmal Revue passieren. Man bedankt sich bei allen Helfern in der geistigen Welt und auch bei den Ahnen für die erhaltenen Geschenke, wenn man sie vielleicht auch nicht gleich erkannt oder schon vergessen hat.

Ende der Raunächte: Mitternacht auf den 6. Jänner

Räucherrezept

MISCHUNG AUS:
Angelika, Wacholder, Kiefer, Beifuß, Lavendel, Holunder, Salbei, Mistel, Weihrauch*

Während des Räucherns kann man folgende Affirmation sprechen:

Ich ehre meine Ahnen und danke für die Kraft, dich ich von ihnen erhalte.

*Die Wirkung der jeweiligen Kräuter finden Sie auf Seite 94/95

KRÄUTERLEXIKON

ALANT	hilft bei Traurigkeit und depressiver Stimmung, schützt vor Krankheiten
ANGELIKA-WURZEL	die Lichtbringerin in der dunklen Zeit
BEIFUSS	hilft, Entscheidungen zu treffen und Altes loszulassen
BERNSTEIN	fördert Lebensfreude, Fröhlichkeit, Aufgeschlossenheit, Ruhe
EISENKRAUT	macht Mut, kräftigt das Selbstbewusstsein
FICHTEN-HARZ	hilft, sich durchzusetzen, entfernt negative Energien
FRAUEN-MANTEL	hilft, für sich selbst dazusein
HOLUNDER	hilft, richtigen Zeitpunkt für Entscheidungen zu finden
JOHANNIS-KRAUT	nimmt Angst vor Dunkelheit, stimmungsaufhellend
KALMUS	hilft bei der Bewältigung von Loslassthemen
KAMPFER	schenkt inneren Frieden und fördert Selbstliebe
KIEFERN-HARZ	transformiert alles Negative
LAVENDEL	schenkt Geborgenheit und hilft, das Herz zu öffnen
LEBENS-BAUM	bringt Klarheit und Wahrheit ins Leben
LORBEER	schenkt inneren Frieden und hilft zu verzeihen
MÄDESÜSS	hilft, Gefühle zuzulassen und zu vergeben
MELISSE	fördert Zuversicht, macht finanziell erfolgreich, fördert Freundschaften
MISTEL	schützt vor Missgeschicken und Unglück

MYRRHE	hilft, gesetzte Ziele zu erreichen
MYRTE	hilft, seelische Wunden zu heilen, unterstützt das Verzeihenkönnen, fördert die Konzentration
ORANGE	gegen nervliche Anspannung, innerer Ausgleich, fördert Zuversicht
RINGEL-BLUME	stellt ihre Lichtkraft zur Verfügung, um positiv bleiben zu können
ROSE	schenkt Geborgenheit, Harmonie und Liebe
ROSENWURZ	hilft, sich für das Schöne im Leben zu öffnen
ROSMARIN	deckt alte Wunden auf und hilft sie zu heilen
SALBEI	steht für Neubeginn und entfernt stressbedingte Energien
SONNEN-BLUME	fördert Herzensbildung und bringt Licht und Schutz
STERNANIS	erleichtert das Loslassen und die Wertschätzung
TANNE	hilft, Blockaden zu lösen
THYMIAN	hebt Selbstvertrauen, macht einen starken Willen
WACHOLDER-BEEREN	stärken und verwurzeln, fördern Selbstachtung
WACHOLDER-HOLZ	weckt die Intuition und lässt Chancen erkennen
WACHOLDER-SPITZEN	stärken den Selbstwert und das Selbstvertrauen
WEIHRAUCH	desinfizierend, hilft zu vergeben, gibt Geborgenheit
YSOP	schenkt inneren Frieden und Dankbarkeit
ZEDER	gibt Kraft für Veränderungen
ZIMT	hilft loszulassen, fördert Glück und Erfolg
ZITRONEN-MELISSE	hilft, Liebe zuzulassen, schafft Anerkennung

Raunächte und Bräuche

Bräuche in der Raunachtszeit

„*Es muss feste Bräuche geben*“, erklärt der Fuchs dem Prinzen im Weltklassiker „Der kleine Prinz“ von Antoine de Saint-Exupéry. Er begründete dies wie folgt: „*Wenn du zum Beispiel um vier Uhr nachmittags kommst, kann ich um drei Uhr anfangen, glücklich zu sein, um vier Uhr werde ich mich schon ganz aufregen. Ich werde erfahren, wie teuer das Glück ist. Wenn du aber irgendwann kommst, kann ich nicht wissen, wann mein Herz da sein soll. Es muss feste Bräuche geben.*“

(aus: Antoine de Saint-Exupéry, Der kleine Prinz)

Bräuche entstehen innerhalb einer Gruppe von Menschen in einer Region, einer Gesellschaft oder einem Kulturkreis als wiederkehrende soziale Handlungen. Als entsprechende Beispiele seien Sitten, Regeln, Rituale und Zeremonien genannt, die oft aus althergebrachten Abläufen hervorgegangen sind. Insbesondere auf dem Land hat sich das traditionell entwickelte Brauchtum teilweise über die Jahrtausende bewahrt und wird auch heute noch mit viel Liebe gepflegt.

Zu den klassischen Bräuchen gehören auch die zwölf Tage der Raunächte als jährlich wiederkehrendes Ereignis. Insbesondere in bäuerlich und dörflich strukturierten Regionen in den Alpen wird darauf geachtet, an diesem Ereignis festzuhalten, wobei es aber auch Unterschiede von Dorf zu Dorf, von Region zu Region gibt. Doch eines haben die Raunächte überall gemeinsam: Es soll den bösen Geistern der Garaus gemacht werden. Wobei in heutiger Zeit immer mehr auch davon gesprochen wird, dass negative Energien entfernt werden sollen. Auch Brauchtum unterliegt also der Wandlung.

Wer übrigens meint, er habe noch nie etwas von einem Raunachtsbrauch mitbekommen, der irrt. Denn das Böllern in der Silvesternacht ist ein klassisches Ereignis. Ehemals zählte es zu den Feuerfesten, die in altgermanischer Zeit entstanden sind. Damals wie heute sollen insbesondere die Dämonen vertrieben werden.

Und auch das Räuchern ist ein fester Bestandteil der Raunächte.

Daneben existiert eine Menge weiterer Bräuche in der Raunachtszeit. Im Folgenden werden einige vorgestellt. Wobei diese gründliche Aufstellung keinen Anspruch auf Vollständigkeit erhebt und auch nicht dazu verführen soll, alle aufgeführten Bräuche in der Praxis anzuwenden. Letztlich ist genau das richtig, was einem das Bauchgefühl bzw. die Intuition zuflüstert. Aber da, wo es möglich ist, sollte auf jeden Fall das Räuchern mit einbezogen werden.

Bräuche vor Beginn der Raunachtszeit

Um sich auf die „Periode außerhalb der Zeit“, wie die Raunächte auch genannt werden, einzustimmen, ist es sinnvoll, das eine oder andere zu tun. Meist geht es dabei darum, Dinge abzuschließen, damit Neues entstehen kann.

Aufräumen

Ja, auch wenn es schwerfällt: Aufräumen und Ordnung schaffen sind schon vor dem Beginn der Raunächte angesagt. Damit das etwas leichterfällt, bringen sich viele vor Beginn dieser Tätigkeiten in eine entspannte, gar meditative Atmosphäre. Der (historische) Hintergrund: Unordnung zieht streitbare Zeitgenossen an.

Ausgeliehenes zurückgeben

Dinge, die im laufenden Jahr ausgeliehen worden sind, sollten bis zum Beginn der Raunachtszeit zurückgegeben werden. Und umgekehrt: Wer etwas verliehen hat, sollte es bis dahin wieder erhalten. Andernfalls – so die Überlieferung – könnten im neuen Jahr Krankheiten auftreten. Das Gesagte gilt natürlich nicht, wenn von vornherein vereinbart ist, dass das Ausgeliehene erst zu einem späteren Zeitpunkt zurückzugeben ist.

Aussprachen

Wenn Zwischenmenschliches belastend wirkt, ist die Zeit vor den Raunächten bestens geeignet, dies bei den jeweiligen Personen anzusprechen, um Probleme aus dem Weg zu räumen. Das gilt umso mehr bei Menschen, mit denen eine enge Beziehung besteht, wie dem Partner, den Eltern und Kindern sowie (engen) Freunden.

Putzen

Ja, auch wenn das manchem schwerfällt, sollte man vor Beginn der Raunachtszeit die Wohnung und das Haus vollständig putzen. Denn sonst – so die Legende – bekommt man im neuen Jahr Besuch von meist ungebetenen Gästen, nämlich den Wilden.

Schulden zurückzahlen

Zugegeben: Für den einen oder anderen Zeitgenossen ein nicht ganz leichtes Unterfangen. Es sind aber keine Schulden aus einem laufenden Kreditvertrag gemeint. Und wenn es wirklich (finanziell) nicht geht, ist ein klärendes Gespräch mit dem Kreditgeber mehr als nur eine Höflichkeit.

Bräuche an den Tagen der Raunächte

Diese Zeit vom 25. Dezember bis zum 5. Jänner ist wie kaum eine andere Periode gespickt mit Bräuchen. Was ja auch kein Wunder ist, denn es ist die „Zeit außerhalb der Zeit“, in der nicht gearbeitet werden soll. Daher kann das geschehen, was sonst eben nicht getan werden kann.

So wird alltäglich in den Stuben geräuchert, gebetet und meditiert, um die negativen Energien zu entfernen und sich vor schädlichen Einflüssen zu schützen.

Baambussln

Immer am Abend des 5. Jänner geht die Bauersfamilie samt ihrer Belegschaft und sonstigen Hausgenossen durch ihre Obstgärten. Jeder Baum wird dabei vom jüngsten Kind umarmt und gebusselt. Die Erwachsenen wiederum bedanken sich bei den Bäumen für die reiche Ernte aus dem vorangegangenen Jahr. Mit Fürbitten und Gebeten bittet man sodann für eine ebenso reiche künftige Ernte. Anschließend bekommen die Kinder zur Belohnung für die Umarmungen der Bäume eine Schmalznudel zum Essen.

Bedürftigen- und Bettlerspeisung

Bedürftige und Bettler dürfen in den Raunächten nie zurückgewiesen werden, sondern man lädt sie zu Speis und Trank ein.

Besenbinderei

In der Zeit der Raunächte gebundene Besen haben zweierlei Bewandtnis: Zum einen können mit ihnen Krankheitsdämonen und negative Geister aus dem Haus gefegt werden. Und zum anderen wird das Vieh nichts Böses erleiden, wenn es nach dem Winter zum ersten Mal auf die Weide geführt wird und dabei über einen solchen Besen geht.

Bleigießen

Mit dem Gießen von Blei, einem Brauch, der gerne am Silvesterabend praktiziert wird, kann man die Zukunft deuten.

Böllern

Das Böllern und das Abfeuern von Raketen sind ein Brauch, der sofort nach dem Jahreswechsel, also am 1. Jänner um 0.00 Uhr beginnt. (Heute meist schon früher, was aber nicht im Sinne des Brauchtums ist.) Damit sollen die Dämonen ausgetrieben werden.

Geschäfte nicht abschließen

Geschäfte zu machen in einer „Zeit außerhalb der Zeit" ist schlichtweg nicht möglich, da es dem Brauch zufolge an diesen Tagen gar nicht geht, den entsprechenden Vertrag mit einem exakten Datum zu versehen.

Glücksbringer

Ein Brauch, der zu Beginn des neuen Jahres gerne praktiziert wird. Hier werden „Glücksbringer", meist miniaturisierte Holzfiguren, wie insbesondere das Glücksschwein und der Schornsteinfeger (Rauchfangkehrer) sowie der Elefant, der Fliegenpilz, der Glücksklee, der Glückspfennig, der Marienkäfer oder die schwarze Katze, verschenkt.

„Guten Rutsch"

Zu Beginn der ersten Tage wünscht man sich einen „guten Rutsch". Zurückgeführt wird der Begriff „Rutsch" auf das Wort „Rosch", was im Rotwelschen, einer Sondersprache mit jiddischen und romanischen Einflüssen, so viel wie „Anfang" bedeutet.

Haare und Nägel nicht schneiden

Wer im neuen Jahr auf Nagelentzündungen und Kopfschmerzen verzichten möchte, der sollte in der Zeit der Raunächte keine Haare und Nägel schneiden.

Heilende Nächte

Bekannt sind die Raunächte auch als heilende Nächte. Sie sind es tatsächlich, denn in dieser Periode wirken die Heilpflanzen und alle anderen Heilmittel, aber auch Behandlungen besonders intensiv.

Hühnerfütterung mit Erbsen

Ein Tipp für die Landwirtschaft: Hühner, die in der Raunachtszeit mit Erbsen gefüttert werden, legen in der Folgezeit viele Eier.

Jahr der Fruchtbarkeit

Sollten sich in den Raunächten an den Fenstern Eisblumen bilden und legt sich viel Reif und Schnee auf die Bäume, dann kann man sich auf ein erntereiches Jahr freuen.

Julscheit

So wie es der Brauch ist, gehen viele, immer wenn es am 24. Dezember dunkel wird, hinaus in den Wald, um mit einem Stück Holz (meist von der Eiche oder einer Esche), dem Julscheit, zurückzukommen.

Dieses besondere Stück Holz wird geweiht, geschmückt und dann im offenen Herdfeuer verbrannt. Es gilt als eine Art Schutzamulett für das Haus.

Nach einer anderen Bedeutung soll dieses Holzstück an allen Tagen brennen, sodass ein Stück Holz nicht ausreichen wird, sondern ein ganzer Stamm Verwendung findet, der in der Küche nach und nach verbrannt wird. Ein Reststück wird dann am Pflug befestigt. Dadurch erhält man eine gute Ernte im neuen Jahr.

Kehraus

Der Kehraus ist ein wesentlicher Bestandteil der Raunächte, der in diesen Tagen zumindest einmal gemacht werden sollte.

Dabei werden die Fenster geöffnet und alle Zimmer mit einem Besen gekehrt. Die dunklen und negativen Energien sollen damit weggefegt werden. Wichtig ist, dass man dieses Auskehren zum Inhalt des eigenen Bewusstseins macht. Den Satz „Glück zieht herein, Pech zieht heraus" sollte man dabei immer wieder zumindest halblaut wiederholen.

Kerzen auf dem Fensterbrett

Kerzen, die nächtens auf den Fenstersims gestellt werden, haben einen doppelten Zweck: Sie vertreiben böse Geister. Und sie ziehen die guten ihrer Artgenossen an.

Kletzenbrot backen

Wer weiß, was Kletzen sind? Zumindest in Österreich ist fast jedem klar, dass es sich dabei um getrocknete Birnen handelt. Und das Backen dieses Schmankerls gehört schon seit ewigen Zeiten zum gern praktizierten Brauch in der Raunachtszeit. Nach dem traditionellen Rezept wird das Brot aus Kletzen, Dörrzwetschken und Roggenteig gebacken.

In diesem Zusammenhang gibt es weitere Bräuche:
So geht in mancher Region die Brotbäckerin mit ihren mit Teig ver-

klebten Händen von Baum zu Baum, um sie zu umfassen und um reichen Segen für das neue Jahr zu bitten.

Bei einem weiteren Brauch wird das „Scherzl", der Anschnitt des Kletzenbrotes, den Hausgeistern und anderen unsichtbaren Gestalten gespendet, indem es ins Herdfeuer gelegt wird, damit man sich auch für die Zukunft die Zuneigung dieser Wesen sichert.

Insbesondere in Kärnten werden die Kletzenbrote unter den Herrgottswinkel, eine in christlichen Wohnungen mit einem Kruzifix gestaltete Zimmerecke, gelegt und mit einem Wöchl (Geschirrtuch) bedeckt, um die Perchten und die Saligen (die Weisen Frauen aus der Kärntner Sagenwelt) abzuspeisen.

Brauch ist es auch, das Brot auf einmal aufzuessen bis auf ein kleines Stückchen, das die Tiere bekommen.

Perchtenumzüge

Die Umzüge der Perchten sind im Laufe des 15. Jahrhunderts entstanden und wurden über die Jahre hinweg zu einem wesentlichen Bestandteil der Raunächte, insbesondere im Alpenraum und im Bayerischen Wald.

Die Herkunft des Namens geht auf Frau Perchta zurück. Es wird angenommen, dass diese Figur durch Verschmelzung keltischer Wurzeln mit der germanischen Götting Frigg entstanden ist. Daher

sind Perchten in ihrem Ursprung weibliche Wesen, die ihre Gesichter hinter Masken verstecken und in der Periode der Raunächte in Erscheinung treten.

Bei ihren Umzügen ziehen dann die maskierten Perchten mit ihren Peitschen und Glocken lautstark durch die Straßen der Orte und Städte, um die „bösen Geister", die die Bewohner insbesondere in den düsteren Winternächten vermuteten, davonzujagen. Ehrfürchtig werden die Eingangstüren versperrt, damit kein Unheil in das Haus hineinkommt. Im Volksglauben gilt der Besuch von Perchten als glücksbringendes Zeichen.

„Räder stillstehen lassen"

Während der Raunächte ist es Brauch, alle Räder stillstehen zu lassen. So wurde nicht gesponnen, gewaschen oder gemahlen. Doch ein Rad dreht sich weiter: das Schicksalsrad.

Raunächtln – Kinder der Raunächte

All jene, die in der Periode der Raunächte geboren werden, besitzen übersinnliche Fähigkeiten. Sie sehen Geister, können in die Zukunft schauen, bringen Glück und können sehr reich werden. Daher sind es Raunächtln, die Kinder der Raunächte.

Spielverbot

Der Brauch, in der Zeit der Raunächte nicht mit Karten oder um Geld zu spielen, sollte strengstens eingehalten werden, ansonsten droht Ungemach. Zumindest gibt es einige Geschichten über Menschen, die sich nicht daran gehalten haben und dadurch Begegnungen einer anderen Art hatten, die ihnen fast den Verstand raubten.

Tiere meiden

Von nachtaktiven Tieren, die man das Jahr über nur selten sieht wie Mäuse und Ratten, sollte man sich fernhalten, denn es könnten sich negative Energien hinter ihnen verstecken.

Traumbuch

Träume in einem Buch niederzuschreiben ist eine tolle Angelegenheit, da sie besonders nachdrücklich aufzeigen, welche Aufgaben im neuen Jahr anstehen. Daher sollten auf dem Nachtkästchen Bleistift und Papier liegen, denn spätestens nach fünf Minuten sind sie meist wieder vergessen. Wobei der Traum in der jeweiligen Raunacht den entsprechenden Monat wie folgt betrifft:

25.12. > Jänner	29.12. > Mai	02.01. > September
26.12. > Februar	30.12. > Juni	03.01. > Oktober
27.12. > März	31.12. > Juli	04.01. > November
28.12. > April	01.01. > August	05.01. > Dezember

Traumerfüllung

Träume werden wahr, zumindest jene, die man in der Zeit der Raunächte träumt. Werden sie bis Mitternacht geträumt, erfüllen sie sich in der ersten Monatshälfte des jeweiligen Raunachtsmonats. Träume der zweiten Nachthälfte wiederum werden in der zweiten Monatshälfte des jeweiligen Raunachtsmonats Wirklichkeit.

Türe leise schließen

Türe sollte man an allen Tagen im Jahr nicht zuknallen, doch wer dies in der Zeit der Raunächte tut, muss im neuen Jahr mit Unfrieden und Blitzen im Haus rechnen.

Wäsche nicht aufhängen

In der Raunachtszeit ist es unter keinen Umständen erlaubt, Wäsche zu waschen, geschweige denn diese auf einer Wäscheleine aufzuhängen, denn es besteht die Gefahr, das sich darin böse Geister verfangen könnten. Noch weniger gestattet ist es, weiße Wäsche aufzuhängen, denn das zieht gar wolllüstige Geister an.

Wegkreuzungen

Wegkreuzungen, insbesondere wenn sie im Wald liegen, gelten schon immer als Orte mit übersinnlichen Kräften. Was gut ist für unverheiratete Frauen, denn sie können dort während der zwölf Tage der Raunächte um Mitternacht ihrem zukünftigen Ehemann begegnen.

Wetter in den Raunächten

Bläst einem der Wind in den Raunächten um die Ohren, so bedeutet dies ein unruhiges kommendes Jahr.

Wenn in dieser Zeit viel Nebel aufzieht, muss man im neuen Jahr mit so mancher Nässe rechnen. Auch sollte man dann unbedingt alte Dinge aus der Welt schaffen. Strahlendes Wetter wiederum bedeutet ein künftiges warmes und trockenes Jahr mit wunderbaren Zeiten.

Bräuche nach dem Ende der Raunachtszeit

Die Raunachtszeit ist am 5. Jänner um 24.00 Uhr vorbei. Es folgt der 6. Jänner, der Tag der „Heiligen Drei Könige". In vielen Regionen wird er auch als Feiertag begangen. Es ist der erste Tag nach der „Zeit außerhalb der Zeit".

Dieser Tag leitet sich von den Bethen, jenen keltischen Göttinnen namens Ambeth, Wilbeth und Borbeth, die für Fruchtbarkeit und Ernte sorgen sollen und als Helferinnen gegen Krankheit, Viehseuche und Kindsnöte gelten, ab. Durch die christliche Kirche wurden sie in die „Heiligen Drei Madln", Barbara, Katharina und Margaretha, „umgewandelt". Doch auch damit war sie letztlich nicht zufrieden, weil sie zu sehr an die weibliche Energie der Muttergöttinnen erinnerten. Also gab es eine weitere „Umwandlung". Fortan war der Tag den „Drei Königen aus dem Morgenland", Caspar, Melchior und Balthasar, gewidmet, die bereits als Sterndeuter bekannt waren.

Abschlussbrauch

Der 6. Jänner gilt oft als Tag, an dem man dann so richtig durchstarten kann. Doch vielleicht gibt es Themen aus der vorangegangenen Periode, die man sich nochmals gerne anschauen möchte? Dazu eignet sich dieser erste Tag nach den Raunächten besonders gut, zumal er in vielen Regionen Feiertag ist und man mehr Zeit hat. So ist es am Dreikönigstag Brauch, die einzelnen Tage und – sofern vorhanden – die Aufzeichnungen der letzten zwölf Tage nochmals durchzuschauen, verbunden mit dem Dank für all die Hinweise, die man in der Zeit der Raunächte erhalten hat.

So kann man dann verheißungsvoll und freudenreich in das neue Jahr blicken.

Sternsingen

Das Sternsingen ist in Europa ein weit verbreitetes Brauchtum und wird meist am 6. Jänner, teilweise auch an den beiden Tagen zuvor, praktiziert. Es geht auf die Erwähnung der Sterndeuter im Matthäus-Evangelium zurück. Später wurden die Sterndeuter unter Bezug auf den Schriftpropheten Jesaja zu Königen mit den Namen Caspar, Melchior und Balthasar.

Aus dieser Geschichte entwickelte sich das Sternsingen, das erstmals im Jahre 1541 in Salzburg Erwähnung fand und sich von dort über den Kontinent verbreitete. Die Sternsinger, meist als „Heilige Drei Könige" verkleidete Kinder, laufen von Haus zu Haus, tragen einen Stern, singen Dreikönigslieder und schreiben mit geweihter Kreide „C + M + B" („Christus Mansionem Benedicat", übersetzt „Christus segne dieses Haus") und die Jahreszahl auf den Türstock. Auch wird mit Weihrauch geräuchert.

Der Sinn dieses Brauchs ist es, die Menschheit das ganze Jahr über vor „bösen Geistern" (negativen Energien) zu schützen sowie Segen zu bringen.

Märchen und Sagen

Märchen und Sagen in den Raunächten

„Es war einmal vor langer, langer Zeit: An den Winterabenden der Raunächte versammelte die Oma Jahr für Jahr am knisternden Kamin ihrer Stube die Kinder aus der Nachbarschaft. Während draußen der Schneesturm durch die Täler zog, loderten drinnen im Zimmer die Kerzen und gaben der Versammlung ein schimmernd-mystisches Licht. Aus ihrer Räucherpfanne duftete es wohlriechend nach Weihrauch und Myrrhe. Opa sorgte dafür, dass seine steirische Harmonika stimmungsvolle und feierliche Töne von sich gab. Und die Oma? Sie erzählte. Sie erzählte ohne ein Papier oder gar ein Buch in der Hand den staunenden Kindern allerhand Geschichten, Geschichten von Leben und Tod, Leiden und Erlösung, Licht und Dunkel. Es waren alljährlich immer dieselben Erzählungen, und doch waren sie immer wieder anders, hatten immer wieder andere Nuancen und Feinheiten. Eines jedoch hatten Omas Märchen und Sagen gemeinsam: Sie fingen immer an mit den Worten ‚Es war einmal vor langer langer Zeit …‘.“

Märchen

Wie das Räuchern so alt ist wie das Feuer, so sind Märchen ebenfalls ewig. Es handelt sich um Überlieferungen, die von Generation zu Generation übertragen worden sind. Und so waren, was viele heutzutage überhaupt nicht wissen, die Märchen ursprünglich für Erwachsene bestimmt. Diese Auffassung teilte auch einer der Gebrüder Grimm, Jakob.

Noch vor Hunderten von Jahren hörten sich Märchen überwiegend die ärmlichen Leute an, die des Lesens und Schreibens nicht kundig waren, die aber ein Verlangen nach oft traumhaften und unheimlichen Erzählungen hatten. Sie dienten zwar vor allem der Unterhaltung, doch sie waren auch Medium für Wissensübertragung, mehr noch für Weisheiten. Und tatsächlich können in ihnen immer ein wahrer Kern und eine sinnvolle Lebensweisheit entdeckt werden. Dieser Hinweis steckt schon in dem Wort „Märchen". Ursprünglich stammt es ab vom mittelhochdeutschen Begriff „maere", was so viel heißt wie „Bericht, Kunde, Nachricht".

Gerade in der Zeit, wo die Nächte länger sind als die Tage, ist der Wunsch nach seelischer Nahrung unvergleichlich groß. Dies trifft besonders auf die besinnliche und magische Zeit der Raunächte zu, in denen sich die Menschen in früheren Zeiten gerne am Ofen in der Stube, wenn draußen die Kälte klirrte, alte Geschichten von wissenden, älteren Frauen vortragen ließen. In der Zeit der Raunächte dienten die Märchen auch oft zur Reflexion des Lebens. Meist wurden und werden in den „Zwölften" jene Märchen erzählt, die aus den Zeiten unmittelbar vor, während und nach den Raunächten berichteten. Aus der folgenden kleinen Zusammenstellung habe ich einige, auch in ihrer Art unterschiedliche Erzählungen ausgesucht.

Zum Beispiel wurden von den Brüdern Jakob (1785–1863) und Wilhelm (1786–1859) Grimm Märchen in den berühmten Veröffentlichungen „Kinder- und Hausmärchen" zusammengetragen. Auch der Tiroler Literaturwissenschaftler und Volkskundler Ignaz Vinzenz Zingerle (1825–1892) war wie die Gebrüder Grimm ein Sammler von Märchen, die ihren Ursprung in Tirol haben. Selbst zu Feder und Tinte griffen unter anderem der dänische Schriftsteller und Dichter Hans Christian Andersen (1782–1816), der bekannte Lyriker Theodor Storm (1817–1888) sowie der britische Schriftsteller Charles Dickens (1812–1870).

„A Christmas Carol“

von Charles Dickens

Der Geschäftsmann Ebenezer Scrooge, ein alter und grantiger Geizhals, erhält in einer Nacht zunächst Besuch von seinem verstorbenen Teilhaber Jacob Marley und in weiterer Folge von drei anderen „Geistern“, die ihn schließlich anschubsen, sein Leben in positivere Bahnen zu bringen.

„Aschenputtel“

aus der Sammlung „Kinder und Hausmärchen“ der Gebrüder Grimm

Die Frau eines reichen Kaufmannes stirbt. Das Leben seiner Tochter wird zur Hölle, als er eine Witwe heiratete, die ihre zwei Töchter mitbringt. Von nun an muss die Tochter des Kaufmanns Schmutzarbeit leisten und am Herd ihren Schlafplatz einrichten (daher der Name Aschenputtel). Schließlich plant der König des Landes auf seinem Schloss ein dreitägiges Fest. Auf dem Fest verliebt er sich in Aschenputtel. Sie entkommt ihm aber, worauf der König sie sucht. Ihre beiden Stiefschwestern versuchen, den König mit allerlei unlauteren Tricks davon abzuhalten, sie zu finden. Vergebens. (Ist bei den Gebrüdern Grimm als Raunachtsmärchen vermerkt.)

„Das kleine Mädchen mit den Schwefelhölzern"

von Hans Christian Andersen

Ein kleines, frierendes Mädchens verkauft auf der Straße Schwefelhölzchen und kommt dabei zu Tode.

„Der eiserne Handschuh"

aus der Sammlung „Sagen aus Tirol" von Ignaz V. Zingerle

Eine Bäuerin, die am Dreikönigstag auf ihrem Herd einen eisernen Handschuh fand, legte ihn auf entsprechenden Rat des Pfarrers genau ein Jahr später wieder dorthin. Am darauffolgenden Tag fand sie anstelle des Handschuhs ein Häuflein Gold.

„Die Sterntaler"

aus der Sammlung „Kinder- und Hausmärchen" der Gebrüder Grimm

Ein armes Waisenkind geht hinaus in die Welt und verschenkt unterwegs sein einziges Stückchen Brot sowie all sein Gewand an Bedürftige. Plötzlich hat es ein feines Hemdchen an, in dem sie die vom Himmel als Silbertaler fallenden Sterne aufsammeln kann.

„Die Schneekönigin“

von Hans Christian Andersen

Ein kleines Mädchen sucht ihren von der Schneekönigin entführten Spielgefährten.

„Knecht Ruprecht“

von Theodor Storm

„Von draußen vom Walde komm ich her;
ich muss euch sagen, es weihnachtet sehr.“
Sicherlich kennt ein jeder diese berühmten Anfangszeilen. Es ist eher ein Weihnachtsgedicht, aber mit märchenhaften Zügen. Der Verfasser fängt die Stimmung am Weihnachtsabend ein und erzählt zugleich von dem verbreiteten Weihnachtsbrauch, dass die Kinder vor der Bescherung Weihnachtsgedichte aufsagen.

Sagen

Sagen sind Erzählungen aus längst vergangenen Zeiten, die nicht schriftlich niedergelegt, sondern von Generation zu Generation weitergetragen wurden. Der wesentliche Unterschied zu Märchen ist, dass sie immer davon berichten, in welcher Gegend und zu welcher Zeit die vorkommenden Begebenheiten stattgefunden haben.

Meist werden die in der Raunacht auftauchenden Erscheinungen als unheimlich und grauenvoll beschrieben und dargestellt. Diese Interpretation ist oft auf die Geschichtsschreiber in den Klöstern zurückzuführen. Sie veränderten in ihren Aufzeichnungen den eigentlichen Hintergrund der handelnden Figuren und machten aus weiblichen Gottheiten, die ihren Ursprung in der Mythologie der Kelten und Germanen hatten, böse Geister und Dämonen.

Doch sind sie keines von beiden. Sie stehen für die bereits seit der Steinzeit bekannten Mutterriten, in der die weibliche Seite der Spiritualität zum Ausdruck kommt. Daher werden die Raunächte oftmals auch als „Mutternächte" bezeichnet. Diese Nächte sind geradezu geschaffen für Geschichten voll von Magie und Glauben. Es gibt unzählige solcher Überlieferungen. Zwei davon stehen für diese Zeit wie kaum eine andere Sage:

» Zum einen ist es die Geschichte von der Frau Perchta, die mit ihrem Gefolge durch die Raunächte zieht, um verirrte Seelen aufzulesen.
» Zum anderen ist es die Erzählung von der „Wilden Jagd“, in der die Geister und Seelen in den Nächten durch die geöffnete Tür der Anderswelt hinausgehen, um durch das Land zu ziehen.

Auf diese beiden Sagen geht auch die Legende zurück, dass man während der Raunächte keine Wäsche aufhängen darf. Denn es würde die Gefahr bestehen, dass sich die herumwirbelnden Seelen in der auf der Leine aufgehängten Wäsche verfangen könnten, was Unheil über die Familien bringt.

Schauen wir uns die beiden Sagen etwas genauer an.

Die Sage von der Frau Perchta

Schon immer hatten im Glauben des Volkes mythologische Wesen eine große Bedeutung. Daran konnte auch die ab dem 3. Jahrhundert beginnende Christianisierung der germanischen Völker nichts ändern. Der bei den Völkern bisher gelebte Mythos konnte dadurch nicht ins Abseits gedrängt werden.

Auch die germanisch-heidnische Göttin Frigg „überlebte“ so. Es wird vermutet, dass aus diesem Geschöpf die Frau Perchta hervorgegangen ist. Die erste erwähnenswerte schriftliche Quelle mit diesem Namen datiert aus dem 11. Jahrhundert.

Der Name Perchta ist insbesondere im deutschen Sprachraum südlich der Mainlinie sowie in Teilen Sachsens und Thüringens und – wenn auch in geringerem Maße – in Slowenien und Tschechien geläufig. In der Mitte und im Norden Deutschlands überwiegt die Bezeichnung Frau Holle. Und ganz im Hohen Norden ist es die Frau Fricke oder die Frau Gode bzw. Wode.

Sicherlich ist von allen Genannten der Name von Frau Holle der bekannteste. Dafür haben insbesondere die Brüder Grimm gesorgt. Ein jeder von uns weiß ja, dass es dann schneit, wenn sie die Betten macht. Und dass sie die brave Goldmarie beschenkt und die faule, egoistische Pechmarie gemaßregelt hat.

Doch die charakteristischste Bezeichnung ist jene der Frau Perchta. Was sicherlich auch damit zusammenhängt, dass von der Bevölkerung südlich der Mainlinie, insbesondere in der Alpenregion, alteingesessene Bräuche noch heute besonders aktiv gelebt werden, die mit der Sagengestalt der Frau Perchta in Zusammenhang stehen. Darunter befinden sich auch die im 15. Jahrhundert entstandenen Perchtenumzüge, über die dieses Büchlein im Kapitel *Bräuche in den Raunächten* berichtet.

Viele Relikte, die der Figur der Frau Perchta zugeschrieben werden, sind im Grunde genommen heidnischer Tradition. Schauen wir uns im Folgenden einmal an, was ihr so alles nachgesagt wird.

„Sei still – oder die Berchta kommt und holt dich!" – Diese Drohung ist vielen aus der Kindheit wohlbekannt. In Überlieferungen wird Frau Perchta gerne als struppige, alte Schreckensgestalt dargestellt, die unartige Kinder in einen Korb steckt und schlampige Weiber erbarmungslos bestraft. Sie sah (und sieht?) es nicht gerne, wenn jemand arbeitsscheu und träge vor sich hinlebt. Sie passte und passt auf, dass ein jeder getreu seiner Berufung lebt und sich entfaltet.

Eine Ausnahme jedoch lässt sie zu: In der Zeit der Raunächte darf ein jeder sich Ruhe gönnen und innehalten. Keiner soll arbeiten, sondern Zeit haben, um zum einen in Dankbarkeit Abschied vom alten Jahr nehmen und um zum anderen das neue Jahr respektvoll begrüßen zu können. Und Frau Perchta konnte – etwas hinterlistig – damit sehen, wer das Jahr über tüchtig oder träge war. Denn wer in dieser Periode Wäsche aufgehängt hatte, der war für sie über das ganze Jahr hinweg faul gewesen und wurde von ihr bestraft.

Im Grunde genommen ist Frau Perchta zwar ein durchaus strenges, im Grunde genommen aber ein faires und den Menschen gut gesinntes Geschöpf. Sie steht für den Kreislauf vom Beginn bis zum Ende, von der Geburt bis zum Tod. Sie ist zuständig für Hauswirtschaft und die Hausfrau. Für die Spinner und die Weber ist sie Schutzpatronin. Und sie schenkt den Böden und Feldern Fruchtbarkeit.

Womöglich ist dies der Grund, warum der Frau Percht auch eine Pflanze geweiht ist. Es ist der Holunder, der in Norddeutschland auch als „Fliederbeerbusch", in Bayern und Österreich als „Holunder" und im Schwäbischen und in der Schweiz als „Holder" bekannt ist. Ursprünglich galt er als „Sitz der Ahnen". Jedes Haus hatte seinen Holunderstrauch, der niemals entfernt werden durfte. Es war gar üblich, diesen Strauch beim Vorbeigehen zu grüßen.

Und Frau Perchta nimmt sich der Kinderseelen an. Säuglinge kommen der Sage nach aus einem See oder einem Brunnen zur Welt. Die Seele eines verstorbenen Kindes kehrt über den gleichen Weg zurück. Frau Perchta bringt sie in ihren wunderschönen Apfelgarten – ihre Anderswelt, die mit dem Reich der Toten gleichgesetzt wurde – und reicht Äpfel und Kekse.

Daher gelten viele Seen, insbesondere in den Ländern der Alpenregion, als Plätze der Fruchtbarkeit, an denen Frau Perchta daher besonders hoch geschätzt wird. Nachgesagt wird ihr auch, dass ein Bad in einem See großen Kindersegen bringt.

Die Sage von der „Wilden Jagd“

Sie gilt als eine der bedeutungsvollsten im hiesigen Kulturkreis: die Sage von der „Wilden Jagd“ oder dem „Wilden Heer“, deren Ursprung in die keltisch-germanische Zeit zurückreicht. Ein jeder von uns hat sicherlich von ihr mindestens ein Mal gehört bzw. gelesen. Was wohl auch daran liegt, dass die „Wilde Jagd“ nicht nur in allen deutschsprachigen Gebieten, sondern auch in anderen früheren germanischen Regionen Europas beheimatet ist. Wenn auch mit unterschiedlichen Nuancen: Die Namen verändern sich von Landstrich zu Landstrich, aber die Grundgeschichte mit all ihren Figuren ist überall ähnlich. Auch die Zeitspanne, in der die „Wilde Jagd“ herumzieht, ist stets ident: Während den Raunächten, aber auch in der Fastnachtszeit und in der Walpurgisnacht (Beltane).

Aus welchen Geschöpfen besteht nun die Wilde Jagd? Es sind gefallene Kämpfer und Krieger, die als segenbringende Totenseelen von den Totenbergen kommen und durch die Landschaften und Orte ziehen. Angeführt werden sie vom höchsten Gott der Germanen, Wotan, der auch als Sturm- und Totengott galt und in den Überlieferungen oftmals mit Odin, auch bekannt unter dem Namen „Wilder Jäger“, gleichgesetzt wird. Begleitet wird Wotan bei dieser Jagd stets von seinen beiden Wölfen Geri und Freki.

Der Volksüberlieferung nach bringt ihr Erscheinen den Lebenden Glück und Wachstum. Und überall auf den Feldern, wo das „Wilde Heer“ gewesen ist, soll das Getreide besonders üppig wachsen. Dem Menschen ist die „Wilde Jagd“ also freundlich gesonnen. Doch wenn man ihnen begegnet, sollte man sich niederwerfen oder in der Wohnung einschließen. Ein Gegner dieses Heeres sollte man jedenfalls nicht sein, denn das würde man im wahrsten Sinne des Wortes spüren. Auch sollte man tunlichst vermeiden, aus dem Fenster zu schauen, wenn es am Haus vorbeizieht. Da könnte es z. B. durchaus passieren, dass der Kopf an Umfang gewinnt und es dadurch unmöglich wird ihn ins Zimmer zurückzuziehen.

Angetan sind die Gestalten auf jeden Fall, wenn man ihnen Lebensmittel wie Fleisch, Brot, Kekse, Kuchen, Hülsenfrüchte und dergleichen vor die Haustür oder auf den Fenstersims stellt.

Wie macht sich nun die „Wilde Jagd“ bemerkbar? Da sind sich fast alle Überlieferungen einig: Man sieht sie nicht, aber man hört sie. Das Gejohle und den Radau von berittenen Männern, das Traben und Schnauben ihrer Pferde, das Gebell von Hunden, das Schmettern der Hörner und das Knallen von Peitschen. Sie ziehen in den Dörfern dicht über die Dächer der Häuser hinweg oder durch die Straßen hindurch und verlieren sich dann in der Ferne. Und meist sind es jahrein jahraus immer dieselben Wege und es ist immer die gleiche Zeit, in der sich die „Wilde Jagd“ naht. Wahrscheinlich handelt es sich um alte Kultstraßen, auf denen sie regelmäßig unterwegs ist.

Danke

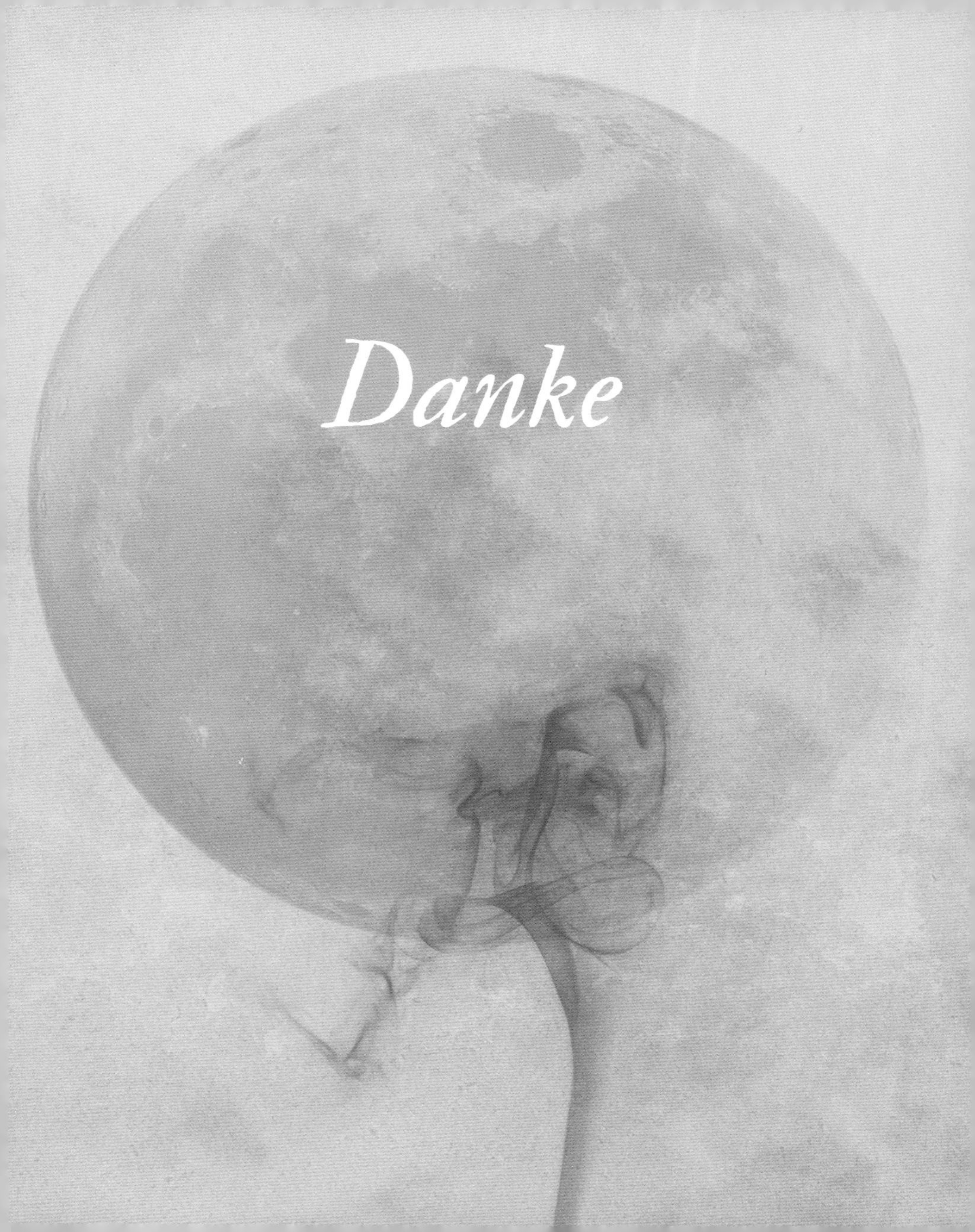

Danksagung

Ich möchte mich ganz herzlich dafür bedanken, dass der Freya Verlag mich so freundlich als Autorin aufgenommen hat. Sämtliche Mitarbeiter haben tolle Arbeit geleistet, um dieses Buch so entstehen zu lassen, wie Sie es nun vor sich liegen haben. Stellvertretend lieben Dank an Siegrid und Wolfgang.

Ebenso möchte ich meinem Seelenpartner Rolf herzlich danken, dass er mich beim Zusammentragen des historischen Teiles ganz stark unterstützt und viel Zeit dafür aufgewendet hat.

Dieses Buch soll all meinen Lesern durch eine leichte und entspannte Anwendung viel Freude, interessante Erkenntnisse und gute Erfahrungen bescheren. Es sei ein Weg zu Entspannung und innerer Einkehr und ein Ratgeber, wie man aus den Raunächten eine ganz besondere Auszeit für sich selbst machen kann.

Eure

Annemarie Herzog

Die Autorin

Annemarie Herzog ist in Klagenfurt wohnhaft, Buchautorin, Dipl. Mentaltrainerin, Dozentin, Raumenergetikerin, Dipl. Fachwirtin für Marketing, Inhaberin einer Räuchermanufaktur.

Sie befasst sich mit dem Räuchern in der ursprünglichen Form, so wie es bei uns immer praktiziert wurde. Nicht mystisch und rituell, sondern so, wie sie es von ihren Vorfahren vorgelebt bekommen hat.

Wichtig ist ihr, dass jede/r den Zugang zum Räuchern ohne Berührungsangst findet. Dies wird ihres Erachtens durch die bekannten heimischen Zutaten erleichtert.

Der Rauhnachtskalender
Mit 12 Räuchermischungen für jede Rauhnacht; erhältlich in meinem Shop und in meinen Verkaufsstellen (*alle Infos unter www.malusa.at*)